Charles Gbanda

Les Drames Silencieux

Charles Gbanda

Les Drames Silencieux

Un condensé curatif, qui vous fera traverser votre passé peu reluisant, afin de vous conduire dans un futur meilleur

Éditions Croix du Salut

Impressum / Mentions légales
Bibliografische Information der Deutschen Nationalbibliothek: Die Deutsche Nationalbibliothek verzeichnet diese Publikation in der Deutschen Nationalbibliografie; detaillierte bibliografische Daten sind im Internet über http://dnb.d-nb.de abrufbar.
Alle in diesem Buch genannten Marken und Produktnamen unterliegen warenzeichen-, marken- oder patentrechtlichem Schutz bzw. sind Warenzeichen oder eingetragene Warenzeichen der jeweiligen Inhaber. Die Wiedergabe von Marken, Produktnamen, Gebrauchsnamen, Handelsnamen, Warenbezeichnungen u.s.w. in diesem Werk berechtigt auch ohne besondere Kennzeichnung nicht zu der Annahme, dass solche Namen im Sinne der Warenzeichen- und Markenschutzgesetzgebung als frei zu betrachten wären und daher von jedermann benutzt werden dürften.

Information bibliographique publiée par la Deutsche Nationalbibliothek: La Deutsche Nationalbibliothek inscrit cette publication à la Deutsche Nationalbibliografie; des données bibliographiques détaillées sont disponibles sur internet à l'adresse http://dnb.d-nb.de.
Toutes marques et noms de produits mentionnés dans ce livre demeurent sous la protection des marques, des marques déposées et des brevets, et sont des marques ou des marques déposées de leurs détenteurs respectifs. L'utilisation des marques, noms de produits, noms communs, noms commerciaux, descriptions de produits, etc, même sans qu'ils soient mentionnés de façon particulière dans ce livre ne signifie en aucune façon que ces noms peuvent être utilisés sans restriction à l'égard de la législation pour la protection des marques et des marques déposées et pourraient donc être utilisés par quiconque.

Coverbild / Photo de couverture: www.ingimage.com

Verlag / Editeur:
Éditions Croix du Salut
ist ein Imprint der / est une marque déposée de
OmniScriptum GmbH & Co. KG
Heinrich-Böcking-Str. 6-8, 66121 Saarbrücken, Deutschland / Allemagne
Email: info@editions-croix.com

Herstellung: siehe letzte Seite /
Impression: voir la dernière page
ISBN: 978-3-8416-9937-4

Copyright / Droit d'auteur © 2015 OmniScriptum GmbH & Co. KG
Alle Rechte vorbehalten. / Tous droits réservés. Saarbrücken 2015

Les drames silencieux

Charles GBANDA

Les citations sont tirées de la version la Bible LOUIS SEGOND

TABLE DES MATIERES

INTRODUCTION..4

PREMIERE PARTIE

DESCRIPTION DU CYCLE DES DRAMES SILENCIEUX........................6

CHAPITRE I

LE PROCESSUS DES DRAMES SILENCIEUX...7

CHAPITRE II

LES SYMPTOMES DES DRAMES SILENCIEUX....................................25

DEUXIEME PARTIE

COMMENT SE LIBERER D'UN DRAME SILENCIEUX ?.....................37

CHAPITRE I

COMMENT SORTIR DE LA PRISON DE L'AFFLICTION ?..................38

CHAPITRE II

AVANCER VERS LA GUERISON..51

CHAPITRE III

QUE DESIREZ-VOUS POUR ESTIMER ETRE HEUREUX?..................74

CONCLUSION..77

INTRODUCTION

Cet ouvrage est un condensé curatif, qui vous fera traverser votre passé peu reluisant, afin de vous conduire dans un futur meilleur.

L'analyse de la société prouve que le monde autour de nous est malade, l'observation des vies révèle que la plupart des êtres, dissimulent en eux des souffrances, des afflictions, des frustrations, des blessures intérieures reçues dans le courant de leurs existences.

Une période de la vie enfermée dans le cachot de l'amertume. Ce sont entre autres :les séparations douloureuses, l'échec matrimonial, les relations humaines difficiles, les longues attentes, les besoins inavoués et insatisfaits, les actes de dédain et d'intimidation, le rejet, la marginalisation, la trahison, le manque d'amour et d'attention, le mépris, les handicapes, les maladies spirituelles, morales et physiques, la pauvreté, le chômage, la faillite, les échecs remarquables et chroniques, la solitude, l'humiliation, l'incompréhension de la destinée, ou le manque de repère dans la vie, les expériences difficiles dans la poursuite d'un objectif, le changement brusque d'environnement, les non-accomplissements, l'adversité, la violence, le silence de Dieu, les épreuves. Ces événements sont susceptibles de faire régner un **drame silencieux**.

De nombreuses personnes n'arrivent pas à étendre le champ de leur existence parce qu'elles trainent longtemps des destinées mal contrôlées ou mal appréhendées. Des hommes restent longtemps fauchés par les vicissitudes de la vie. L'incapacité à dominer ces situations malheureuses les installe dans un drame silencieux.

Quelque soit votre histoire, votre point de chute, vous avez le droit de garder espoir, de cultiver la foi et de vous relever.

L'espoir en l'avenir ne met pas l'accent sur les problèmes mais sur les solutions.

Même si vous entretenez en secret la pire des tragédies et vous croyez que c'est fini pour vous… ; Même si vous manquez de tout, Votre histoire est sur le point de connaître une autre dimension.

Saisissez votre solution en lisant chaque ligne de ce livre, au terme de votre lecture vous serez guéri de vos afflictions.

PREMIERE PARTIE

DESCRIPTION DU CYCLE DES DRAMES SILENCIEUX

CHAPITRE I

LE PROCESSUS DES DRAMES SILENCIEUX

Toute perte initiale peut plonger un sujet dans l'affliction ; ce sont les premières réactions normales appelé aussi impact initial. Cette étape est la plus douloureuse du cycle d'affliction, elle se matérialise par un choc, ce phénomène se manifeste à travers divers types de réactions dont le débordement.

Le débordement

Le débordement est la résultante d'une situation incontrôlable, le sujet perd d'emblée le contrôle de ses émotions, c'est une réaction spontanée qui révèle le déséquilibre du sujet.

Le débordement de certains personnes, les entrainent très souvent à des conclusions erronées ; d'abord ils accusent Dieu, ensuite ils s'attaquent aux autres ou s'incriminent eux-mêmes. Elles donnent l'impression d'être insensible à la douleur et de vouloir maîtriser la situation, mais ce n'est pas la réalité. C'est l'expression de l'impact initial d'un drame silencieux.

Le combat hypothétique contre la réalité douloureuse

Cette phase du cycle d'affliction maintient le sujet dans une hypothétique résistance. Il ressent le plein impact de la douleur, mais il refuse de l'accepter. Il essaie de se battre contre son chagrin ou de l'ignorer, hélas ! Quelque soit sa réaction la douleur peut être insoutenable à ce stade.

Job face aux épreuves essayait de résister et de se soumettre à la souveraineté de Dieu. Bien qu'il soit marqué par l'impact initial d'un drame silencieux, Job blessé et angoissé entretenait toujours une intégrité, et une grande crainte vis-vis de son Dieu. La Bible dit en tout cela Job ne pécha point ouvertement et n'attribua rien d'injuste à Dieu.

Job 1 :22 ; Mais cette attitude de vaillance allait-elle toujours déterminer ses réactions futures ? Dans le silence, Job souffrait de cette lourde perte. Révisons l'histoire de Job. Approprions-nous ses douleurs pour mieux les apprécier. D'abord, il perdit tous ses biens (richesses) cela suffirait pour beaucoup, à déclarer une calamité sans précédent. Combien de temps Job avait-il mis à amasser ses biens ? Imaginez les nombreux sacrifices consentis. Comment vivrait-il ? Sa vie, ses habitudes et celle de sa famille en dépendait. L'histoire pathétique de Job ne s'arrêta pas à ce niveau. Pendant que ses fils, et ses filles mangeaient et buvaient du vin dans la maison de leur frère ainé, un grand vent frappa les quatre coins de la maison ; elle s'est écroulée sur les jeunes gens, et les a tous emportés. Le comble venait de s'accomplir, il ne s'agit pas du décès d'un enfant, mais de tous ses enfants. Chaque enfant est une partie de lui-même. L'amour qu'il portait à chaque enfant était particulier. Ainsi leur perte, représente les différents niveaux de la douleur. Souvent la perte d'une chose vous fait oublier une autre que vous aviez perdu. Cela dépend de la valeur de chaque chose. Dans le cas de Job, de la perte de tous ses biens, il évolua simultanément à l'extrême niveau : la perte de tous ses enfants. Les enfants comparés aux biens, les douleurs s'avéraient disproportionnées. Ceux qui semblent maîtriser, ce qui leur arrive peuvent très bien faire l'expérience du choc.

Vous pouvez faire semblant de paraître résistant, face à une douleur mais cela ne durera pas longtemps, car le mal s'installera progressivement à l'intérieur de vous. Ce mal vous rattrapera et finira par s'extérioriser. Cette histoire de Job, nous montre une image significative de l'évolution des drames silencieux. En effet, il y a des phases déterminantes. Le sort de Job s'accentua, il fut frappé peu après par un ulcère malin de la plante du pied, jusqu'au sommet de la tête. Et Job prit un tesson pour se gratter, et s'assit sur la cendre. Sa femme lui dit : « tu demeures ferme dans ton intégrité ! Maudit ton Dieu et meurs ! » Job 2 :9 ; après l'intervention de défection de sa femme, Job encaissa les acharnements de ses trois amis. Mais Job résistait toujours « Dieu qui me refuse justice est vivant ! Le Tout Puissant qui a rempli mon âme d'amertume est vivant ! Aussi longtemps que j'aurai ma respiration, et que le souffre de Dieu sera dans mes narines, mes lèvres ne prononceront rien d'injuste... » Job 27 :2-4 ; Les signes du drame silencieux, se précisait au fil du temps, et l'étau de la douleur se resserrait au fur et à mesure. Il était définitivement logé dans les mailles d'un drame silencieux révélé. Job avait des propos qui apparemment l'accrochaient à Dieu mais cela ne définissait absolument pas ses sentiments douloureux. Il n'osait pas réellement affirmer l'expression de ses émotions.

Job n'avait plus de vie, il avait perdu l'estime de sa femme, de ses amis, mais demeurait intègre à Dieu. Son soulagement était, sa crainte qu'il entretenait pour Dieu. Allait-il maintenir son état de résistance ? L'évolution de son état émotionnel l'obligeait à vivre un drame silencieux en pleine évolution. Ceux qui résiste jusqu'à ce niveau s'oriente désespérément vers l'étage de la nostalgie de leur vie passée.

La nostalgie dominante

Job a pu maintenir une résistance décisive face aux agressions émotionnelles. Cependant son passé l'accablait, il se souvenu qu'il fut heureux dans le passé et que malgré sa résistance rien n'évoluait pour relever son niveau de bassesse. Dans un monologue, Job exprime sa nostalgie « oh ! Que ne puis-je être comme au mois passé comme au jour où Dieu me gardait, quand sa lampe brillait sur ma tête ; et sa lumière me guidait dans les ténèbres. Que ne suis-je comme au jour de ma vigueur, où Dieu veillait en ami sur moi, Et que mes enfants m'entouraient ; » Job 29 :1-5 ; Job avait perdu tout espoir en un avenir meilleur, plus loin Job déclara : « Dieu m'a jeté dans la boue, et je ressemble à la poussière, je crie vers toi, et tu ne me réponds pas » Job 30 :19-20 ; son passé le tourmentait, l'image de chacun de ses enfants fréquentait son esprit. Il se rappelait constamment de son ancienne vie. Il était à cheval entre la réalité douloureuse qu'il vivait et son passé merveilleux. Il était hanté par ses anciennes habitudes, de riche père comblé. Fuguerez-vous qu'il ne pouvait plus bénéficier du bonheur parental, doit-il jouissait auparavant. Comment croire qu'il pouvait oublier si facilement ses biens, ses habitudes, ses enfants! La nostalgie dominante de son bonheur passé le retenait dans une psychose irrésistible. Cet état de fait, provoqua un traumatisme lassant et évolutif. Ce que vous faites, quotidiennement détermine vos habitudes, et votre habitude influencera votre comportement, alors que votre comportement détermine votre état d'esprit. Votre état d'esprit contrôlera votre mode de vie. Et si votre mode de vie influence considérablement votre croyance, alors voici la raison du traumatisme.

Le changement brusque survenu, a modifié son habitude alors que sa croyance avait tendance à le maintenir dans son passé récent. Sa pensée lui renvoie les événements du passé, et l'entraine à les revivre. Plusieurs hommes vivent avec un traumatisme évolutif suite à un événement douloureux. La nostalgie des habitudes passés, des biens perdus, ou des êtres chers contrôlent le quotidien de plusieurs hommes. En y pensant indéfiniment, ils perdent espoir en l'avenir. Faites en sorte que votre croyance parvienne à la vérité, cette vérité influencera votre pensée, et que votre pensée transforme votre habitude, et que votre habitude change votre nouveau mode de vie. Ainsi votre comportement changera conformément à vos exigences futures.

Ne vous focalisez jamais sur des réalités, bien qu'elles soient funestes ; Ou encore qu'elles ne se déroulent pas comme vous le voulez. Surpassez, votre mal et cherchez à comprendre les profondes vérités cachées derrière les scènes de ces réalités. Derrière chaque réalité, se cache une vérité certaine.

C'est le cas de deux disciples de Jésus, au soir de sa crucifixion, ils développaient une grande nostalgie de l'espoir doit-il présageait. Sur le chemin d'Emmaüs un village éloigné de Jérusalem de soixante stades, ils s'entretenaient de tout ce qui s'était passé. Ils étaient dans un état d'abattement extrême. Tout espoir était brisé, lorsqu'ils revivaient les paroles sur le christ. L'un d'eux dit « nous espérions que ce serait lui, qui délivrerait Israël, mais avec tout cela, voici le troisième jour que ces choses se sont passées » Luc 24 :21 ;

La réalité que vous vivez peut être différente de la vérité. La vérité est toujours plus forte que la réalité qui vous tourmente. Pour atteindre cette vérité et la vivre, ne vous laissez jamais gagner par le désespoir.

Le désespoir

A cette étape, le sujet éprouve un sentiment de désastre. Il a l'impression que rien ne sera plus jamais pareil, que tout espoir de bonheur, de joie et de paix est anéanti pour toujours. Lorsque les frères de Joseph annoncèrent sa mort à leur père Jacob, la Bible dit : il déchira ses vêtements, il mit un sac sur ses reins, et il porta longtemps le deuil de son fils. Tous ses fils et toutes ses filles, vinrent pour le consoler ; mais il ne voulut recevoir aucune consolation. Ge 37 :34-35 ;

Dans le cas de Jacob, il ressentait continuellement la douleur. A ce stade, la douleur s'avère insoutenable. Jacob se battait violemment contre la douleur, mais elle le dominait. Il se débattait farouchement contre les autres qui essayaient de l'aider. Plus rien ne pouvait remplacer l'amour qu'il avait pour son fils Joseph, qu'il eut dans sa vieillesse,(après plusieurs années de stérilité de sa bien-aimée femme Rachel). Plusieurs années après Jacob a gardé les douleurs de cette grande perte, même lorsqu'il reçut un autre fils (Benjamin) de Rachel sa bien-aimée femme, il ne cessa de se rappeler de la mort de Joseph : « mon fils (Benjamin), ne descendra point avec vous ; car son frère (Joseph) est mort, et il reste seul… » Ge 42 :38 ;

Beaucoup de sujets, restent constamment enliser dans un drame silencieux, ils sont remplis d'amertume et de ressentiment, leur espoir reste indéfiniment brisé. Ils sont rattachés à un passé douloureux qui les retient captif. Le désespoir est contraire à la foi, aussi longtemps, qu'ils resteront accrochés à un passé désastreux, ils hypothéqueront leur futur. Pour posséder votre futur, il vous faut la foi, d'où l'espoir d'un avenir meilleur. Or, la foi est une ferme assurance des choses qu'on espère, et la démonstration de celles qu'on ne voit pas Hébreux 11 :1 ; alors nous conclurons que votre futur restera celer si vous demeurez constamment dans votre passé. Pour déceler vos opportunités à venir, il va falloir oublier avant tout votre passé douloureux, tout commence par là. Essayez de voir plus loin que vos douleurs passées. Surpassez les, en vous appuyant sur Jésus, Esaïe a révélé qu'il est un homme habitué à la souffrance, semblable à celui dont on détourne le visage… se sont nos souffrances qu'il a portées, c'est de nos douleurs qu'il s'est chargé…le châtiment qui nous donne la paix est tombé sur lui. Et c'est par ses meurtrissures que nous sommes guéris. Esaïe 53 :1-5 ; appuyez-vous sur lui, il vous rendra votre paix intérieure. Votre futur dépendra de ce choix. Évitez de subir la vie en vous renfermant dans un passé peu reluisant. Soyez plutôt un acteur de la vie, en vous inscrivant dans un futur glorieux. Ce que vous refusez d'oublier vous retiendra prisonnier. Sortez de votre état de tristesse et d'angoisse, gardez l'espoir de bonnes nouvelles post-crises. Cultivez l'esprit de renouvellement. Vous ne pouvez pas refaire votre passé, refusez donc de la revivre et projetez-vous dans votre avenir. Nous ne sommes pas de ceux qui se retirent pour se perdre, mais de ceux qui ont la foi pour sauver leur âme. N'abandonnez donc pas votre assurance, à laquelle est attachée une grande rémunération, Hébreux 10 :35-39.

La perception déformée de Dieu

Le sujet abandonné aux soubresauts succombe et perd la foi en Dieu, son estime et sa perception de la puissance et la grandeur de Dieu se dégrade. Il trouve que Le Dieu de miracle dont la Bible parle, reste un mythe faramineux. Il finira par le confondre à son absence et son silence en jugeant son existence d'une pure invention théologique. Il fait l'effort de le suivre en n'y mettant pas vraiment son cœur. Sa perception déformée est le résultat d'une longue attente, mêlée d'une déception chronique. Ou encore d'une blessure profonde suite à une perte énorme, dont Dieu serait au premier rang des accusés. Il fait le procès de Dieu, le condamne avec restriction, en ne lui laissant aucune opportunité de rappel. Il se réfugie finalement au-dedans de lui-même.

Sara la femme légitime d'Abraham, fut stérile pendant plusieurs années. Alors qu'il y avait une promesse sur leur vie. En effet, son époux était porteur d'une grande promesse. D'abord Dieu les entraina à quitter leur pays, leur famille, pour un pays où coulent le lait et le miel. Il promit de les bénir au-delà de la perception humaine « je ferai de toi une grande nation, et je te bénirai ; je rendrai ton nom grand, et tu seras une source de bénédiction. Je bénirai ceux qui te béniront, et je maudirai ; ceux qui te maudiront ; et toutes les familles de la terre seront bénies en toi ». Ge 12 :2 ; Il dit à Abraham, « tu ne donneras plus à Saraï, ta femme, le nom de Saraï ; mais son nom sera Sara. Je la bénirai, et elle deviendra des nations ; des rois des peuples sortiront d'elle » cette promesse fait penser à l'alliance de bénédiction Abrahamique. À l'époque Abraham avait cent ans et Sara sa femme avait quatre-vingt-dix ans. Sara n'y croyait plus, alors elle dit à Abraham « voici l'Eternel ma rendu stérile ; viens je te prie, vers ma servante ; peut-être aurais-je par elle des enfants » Abraham écouta sa femme et donna Ismaël comme fils à Agar l'Egyptienne. Les conséquences de cette conception déformée de Dieu continuent d'entrainer des vagues de tension à travers le monde. Le conflit Israélo-palestinien en est la preuve. Aujourd'hui toute une région du monde est embrasée dans la violence, mettant en attraction deux peuples, deux cultures, deux religions et portant les germes de la perspective de la troisième guerre mondiale. Le chagrin de Sara était insupportable, sa propre servante la regardait avec mépris. Abraham qui entretenait toujours un contact franc avec l'Eternel reçu trois inconnus, il les accueilli avec enthousiasme et hospitalité. L'un d'entre eux promit la naissance du fils légitime. Sara rit en elle-même, en disant « maintenant que je suis vielle, aurais-je encore des désirs ? » Sara contestait cette promesse, sa perception de Dieu, et de cette promesse avait totalement changée, elle ne voulait plus en entendre parler. Sa déception était profonde !

Certainement elle a tout essayé sans succès, dans sa quête de solution, Plusieurs comme Sara, ont dans leur blessure exprimée une perception déformée de Dieu, ils ont tout essayé d'eux-mêmes pour réaliser la promesse de Dieu. Ils ont maintes fois changé de communauté et de berger, ils ont consulté apparemment tous les hommes de Dieu dont la renommée transcendait mers et frontières, ils ont fait des offrandes « démesurées » à l'Eternel, ils ont participé presque à tous les grands programmes de leur pays et même hors de leur pays, ils sont passé au bout du compte, d'une perception déformée de Dieu à une autre plus dramatique. En effet, ils percevaient en Dieu exclusivement un faiseur de miracle ; un Dieu avec qui il faut entretenir des relations justes pour recevoir des bénédictions. Ils ont juste changé de religion, leur conviction n'a pas été régénéré, par le passé, ils consultaient des idoles, ils entretenaient des relations avec des féticheurs, des charlatans, des devins, des dieux implacables, pour leur propres intérêts lié à la prospérité, la guérison, la protection, l'enfantement, la réussite, la gloire. Les habitudes des Africains n'en disent pas le contraire, ils ont des relations très historiques avec l'occultisme et plusieurs pratiques ignobles devant Dieu. Les carrefours sont souvent pris pour cible, on y trouve couramment des œufs malmenés, des canaris brisés, des colas etc. Les forêts, les cours d'eaux, les arbres, les montagnes des offrandes d'animaux et d'argent et de biens précieux à des fins egocentriques. Une fois devenu fidèle d'une communauté chrétienne donnée, la croyance reste hélas la même. Ils ne sont pas transformés par l'évangile et régénérés par le Saint Esprit au point de devenir de vrais adorateurs de Dieu. (Qui adorent Dieu en esprit et en vérité, qui entretiennent de véritables relations inconditionnelles avec l'Eternel). Ils se retrouvent dans les filets des faux prophètes, des faiseurs de miracles, qui pullulent les villes Africaines, et les mégalopoles en occident. Paul déclare à Timothée son fils dans la foi : l'esprit dit expressément que dans les derniers temps, quelques-uns abandonneront la foi, pour s'attacher, à des esprits séducteurs, et à des doctrines de démons Tim 4 :1 ; Il insiste pour dire, dans les derniers jours, il aura des temps difficiles. Car les hommes seront égoïstes, amis de l'argent, fanfarons, hautains, blasphémateurs, rebelles à leurs parents, ingrats, irréligieux, insensibles, déloyaux, calomniateurs, intempérants, cruels, ennemis des gens de bien, traitres, emportés, enflés d'orgueil, aimant le plaisir plus que Dieu, ayant l'apparence de la piété, mais reniant ce qui en fait la force, éloigne toi de ces hommes-là.

Lorsque la bénédiction recherchée tarde à venir, ou s'est révélée éphémère, ils succombent dans la déception chronique, « un drame silencieux » après avoir « tout donné ». Leur perception fausse de Dieu change de dimension, elle évolue de mal en pire. Dans la solitude mentale, Ils épousent en leur for intérieur l'image d'un Dieu trop dur, méchant et injuste qui aime voir souffrir. Un Dieu budgétivore, qui existant juste dans les théories théologiques, qui bénie les autres, mais ignore ceux qui lui donnent de leurs biens et de leur temps. Il fait du favoritisme, bénissant ceux qu'il aime et délaissant ceux qui s'intéressent réellement à lui. Ils trouvent finalement dans tous les serviteurs de Dieu que du faux, une mascarade d'escroquerie bien organisée juste pour enrichir des personnes qui ont de l'éloquence et des pouvoir mystérieux. Dans leur esprit, ils ont atteint la ménopause de la foi, Dieu est à la retraite dans leur esprit. Ou encore ils claquent la porte des églises et méprisent la présence de Dieu :

La femme de Job lui dit : tu demeures ferme dans ton intégrité ! Maudit Dieu et meurt. Job2 :9 ; En effet, elle avait une perception fausse de Dieu, elle voyait en lui juste la divinité de bénédiction qui a comblé son cher époux. Elle n'avait pas d'intimité personnelle avec Dieu. Face à la perte cruelle de tous les biens de Job et même son bien-être physique, blessée, sa perception fausse de Dieu devient pire. Elle voit d'emblée en lui un Dieu cruel, impitoyable qui donne et reprend brusquement. A quoi bon manifester de la fidélité à un Dieu infidèle, quand on est au bord du gouffre. Plusieurs épouses percevaient Dieu comme le bienfaiteur de leur époux, elles n'ont jamais pu entretenir une relation personnelle et sincère avec lui. Blessées par des déboires liés à un chômage technique ou une régression dans les affaires de l'époux, leur perception fausse de Dieu devient pire.

Job lui-même avait une perception déformée de Dieu, ses propos en témoignent implicitement :

Je suis sorti nu du sein de ma mère, et nu je retournerai dans le sein de la terre. L'Eternel a donné, et l'Eternel a ôté ; que le nom de l'Eternel soit béni ! Job1 :21 ;

Ce que je crains, c'est ce qui m'arrive ; ce que je redoute, c'est ce qui m'atteint, je n'ai ni tranquillité, ni paix, ni repos, Et le trouble s'empare de moi. Job3 :25-26

Périsse le jour où je suis né, et la nuit qui dit : Un enfant mâle est conçu,

Ce jour ! Qu'il se change en ténèbres, Que Dieu n'en ait point souci dans le ciel, et que la lumière, ne rayonne plus sur lui ! Job3 :3-4 ;

Je reconnais que tu peux tout, et que rien ne s'oppose à tes desseins,…

Mon oreille avait entendu parler de toi, mais maintenant mon œil t'a vue. Job42 :2-5 ;

Au plus profond de son être, Job percevait en Dieu, une entité divine qui donne et qui reprend plus tard ! Au fil des années de bénédiction au lieu d'en être épanoui, Job entretenait un drame silencieux, une blessure intérieure évolutive qu'il exprimait dans la peur chronique et manifeste de perdre ses biens. D'où sa volonté de sanctifier ses fils et d'offrir pour chacun un holocauste car Job disait : peut-être mes fils ont 'ils péché et ont-ils offensé Dieu dans leur cœur. C'est ainsi que Job avait coutume d'agir ! Son intégrité son zèle dans une adoration continue avait pour but inavoué de garder ses bénédictions ! Job n'allait jamais sans doute abandonner Dieu mais son adoration n'était pas vouée à Dieu de façon entièrement désintéressée. Il n'adorait pas Dieu parce que c'était sa raison de vivre. Il maudit le jour de sa naissance pace qu'il ignorait que sa destinée a un sens en Dieu et un but sur terre. Il avait constamment peur de perdre ses biens, après les avoir perdu effectivement, il confessa : Ce que je crains, c'est ce qui m'arrive ; ce que je redoute, c'est ce qui m'atteint. Il n'a eu ni tranquillité ni paix ni le repos du cœur pendant les jours de bénédictions et d'abondance. Il craignait constamment de tout perdre et de retourner nu dans le sein de la terre, comme on naît nu du sein de sa mère. Ce refrain négatif résonnait constamment en lui. Ce que vous dites à vous-même a plus de force que ce que vous dites souvent à Dieu, dans vos adorations et vos prières.. A force de craindre une chose au fond de vous-même elle finit par vous atteindre dans la réalité. Satan s'appropria sans tarder ce principe naturel et mental et remonta jusqu'à Dieu avec les termes suivants : « Est-ce d'une façon désintéressée que Job craint Dieu ? »Job1:9; Satan jouait ainsi sur la faiblesse de Job pour l'atteindre comme, il joue souvent sur nos faiblesses pour nous atteindre. Job a appelé mentalement toutes les blessures qui l'ont rongé cruellement. L'image d'un drame silencieux qui le rongeait pendant les temps d'abondance sans qu'il en soit conscient, a attiré sur lui un drame silencieux plus atroce venu des évènements funestes de l'extérieur qui a déformée davantage sa conception de Dieu! Plusieurs, ont encore une conception erronée de l'adoration à Dieu dans l'abondance et ont attiré ou attirent sur eux le malheur et un drame silencieux. Ils font plusieurs offrandes plusieurs dons, plusieurs réalisations pour Dieu. Ils ne donnent pas à Dieu de leurs bien parce que tout ce qu'ils possèdent appartient à Dieu, mais ils le font de peur de perdre la faveur de Dieu au point de voir s'envoler leur abondance. Ils veulent voir exclusivement leur abondance s'éterniser. Ils en souffrent terriblement au fil des années. Cette crainte inavouée, gouvernée par une conception erronée de Dieu attire toujours la tentation du malin, un drame silencieux et une conception plus déformée de Dieu.

Sara quant à elle a effectivement surpassé doublement la ménopause. Dans cette vie mélancolique, elle a même proposé sa servante à son époux, en vue de prévoir un héritier à la généalogie Abrahamique. Dieu n'a pas réagi, il est resté silencieux. Sa douleur s'accentua, lorsque sa propre servante, sachant qu'elle était enceinte de son époux, s'insurgea contre elle. Dieu a-t-il vraiment abandonné Sara ? Ou encore pourquoi a-t-il tardé dans sa procédure de bénédiction Abrahamique ? Sara a en définitive exprimé sa perception déformée de Dieu par l'acceptation désespérée de la triste réalité de sa situation. Eu égard à la sérénité et au bon sens de plusieurs de nos contemporains face à la longue attente d'une bénédiction lié au travail, au mariage, à l'enfantement, à la réalisation d'un projet, à l'éclosion d'un ministère ou simplement dans un statuquo notoire étalé sur plusieurs années jusqu'au seuil de l'éternel irréalisable conformément à la logique des humains, nous apprécions souvent à sa juste valeur leur hauteur d'esprit et leur grande sagesse. La réalité cachée prouve que cette sage acceptation de leur situation est implicitement l'expression d'une perception déformée de Dieu, qui est l'émanation d'un drame silencieux. La vision de leur foi change. Certains se réfèrent à la réponse de Dieu à Paul lorsqu'il a fait appel à Dieu face à un mal qui rongeait son corps : « ma grâce te suffit » Ils s'approprient cette réponse et y appliquent désespérément leur foi. Logiquement leur façon de prier change parce qu'ils ont abandonné mentalement et annulé tout l'espoir du changement dans leur esprit. C'est le cas de Zacharie dans l'évangile selon Luc_{Luc2 :67-80}. Pendant qu'il s'apprêtait à s'acquitter de ses fonctions de sacrificateur devant Dieu selon le tour de sa classe, alors un ange du Seigneur lui apparut et se tint debout à droite de l'autel des parfums. Zacharie fut troublé en le voyant et la frayeur s'empara de lui. Mais l'ange lui dit : « ne crains point, Zacharie ; car ta prière a été exaucée. Ta femme Elisabeth t'enfantera un fils, et tu lui donneras le nom de Jean. Il sera pour toi un sujet de joie et d'allégresse, et plusieurs se réjouiront de sa naissance ». Zacharie dit à l'ange : « A quoi reconnaitrai-je cela ? Car je suis vieux, et ma femme est avancée en âge ». L'ange lui répondit : « je suis Gabriel je me tiens devant Dieu ; j'ai été envoyé pour te parler, et pour t'annoncer cette bonne nouvelle. Et voici tu seras muet et tu ne pourras parler jusqu'au jour où ces choses arriveront, pace que tu n'as pas cru à mes paroles qui s'accompliront en leur temps ». Zacharie essayait de dire simplement à l'ange : « J'ai cessé de croire depuis longtemps, j'ai déjà accepté ma situation de géniteur sans progéniture. Les scripts d'un véritable père n'existent plus en mon for intérieur ; j'ai arrêté de prier, naturellement nous sommes déjà au seuil de l'impossible parce que ma femme et moi sommes biologiquement inaptes à engendrer un enfant à cause de l'âge très avancé ». Le drame silencieux que vivaient Zacharie et son épouse Elisabeth, était manifeste dans cette perception déformée de Dieu ; Malgré son rang élevé de sacrificateur. Les drames silencieux n'épargnent souvent personne, ils submergent même les niveaux de responsabilités honorifiques dans le corps de Christ.

Pour inscrire à nouveau les scripts d'un père dans l'esprit de Zacharie, l'ange est allé jusqu'à le rendre muet, question de restaurer en lui la ferme assurance de la conception, de la naissance et de la réussite prophétique de l'enfant béni que leur couple espérait depuis plusieurs années. Toute les fois qu'il ressentira cette inaptitude à faire usage de sa voix, Zacharie réalisera la véracité de la venue miraculeuse de l'enfant promis. Son espérance à faire usage de sa parole est désormais confondue à sa ferme assurance de l'espérance à avoir un enfant dans sa vieillesse. Sa perception de Dieu à positivement changé. Face à votre longue attente, vous devez toujours croire en Dieu, le maître des temps et des circonstances. Entretenez toujours dans votre esprit ce à quoi vous espérer, garder malgré tous les scripts de leurs réalisations en vous.

Nos perceptions sont plus puissantes que nos prières.

En clair, nous sommes le fruit de nos pensées. Ce qui nous détermine est lié à des scripts habilement plantés au plus profond de nous. Selon le roi SALOMON auteur du livre Biblique, Proverbes :« un homme est tel les pensées de son âme ».Prov23 : 7 ;Si notre âme conçoit et nourrit le fait que nous avons atteint le stade de l'impossible, si notre attitude en est logiquement influencé, nos prières et celles de nos proches ne pourront rien changer en la matière, parce qu'elles ne sont pas teintées de la ferme assurance de ce que nous espérons. Apprécions donc avec faste la démarche curative de Gabriel qui consiste à transformer la pensée de Zacharie face à l'attente d'un enfant, à guérir Zacharie de ce drame silencieux "de cette douleur intérieure exprimée dans une perception déformée de Dieu avant la réalisation de la promesse".

L'Eternel n'exauce pas les prières issues d'une conception déformée de Dieu, d'une blessure intérieure, ou encore d'un drame silencieux, « qui lui proposent des solutions désespérées alors qu'il a un plan merveilleux pour nous, qui doit se réaliser sans détour en son temps ». La parole de l'Eternel fut adressée à Abram, dans une vision et il dit :« ne crains point, je suis ton bouclier, et ta récompense sera très grande ». Abram répondit : « Seigneur Eternel que me donneras- tu ? Je m'en vais sans enfants, et l'héritier de ma maison, c'est Eliezer de Damas, voici tu ne m'as pas donné de postérité, et celui qui est né de ma maison sera mon héritier ».Alors la parole de l'Eternel lui fut adressée ainsi : « ce n'est pas lui qui sera ton héritier, mais c'est celui qui sortira de tes entrailles qui sera ton héritier ».Et après l'avoir conduit dehors, il dit : « Regarde vers le ciel, et compte les étoiles, si tu peux les compter ».Et il lui dit : « Telle sera ta postérité »Ge 15:1-5. Malgré la promesse authentique de Dieu à Abram, il s'adonna à des prières désespérées, alors que Dieu lui avait promis une grande postérité, Abram s'est conçu dans son esprit une solution humaine désespérée. Face à une longue attente, fatigué mentalement, ou au seuil de l'impossible selon les hommes, blessé intérieurement, nous donnons naissance à une solution arrangée en nous même de nature à modifier notre comportement vis-à-vis de l'Eternel. Plusieurs couples blessés dans l'attente de la progéniture ont adopté un enfant et oubliant celui que Dieu a semé secrètement dans leurs entrailles. Plusieurs jeunes célibataires ont scellé une alliance contre nature, pour réaliser désespérément leurs rêves matrimoniaux. Plusieurs chômeurs, ont sombré dans l'idolâtrie, la corruption, la fornication et les loges mystiques, pour avoir désespérément un travail bien rémunéré. Plusieurs élèves et étudiants, après des échecs répétés ont utilisé des voies corrompues pour s'offrir désespérément un diplôme. Plusieurs serviteurs de Dieu n'ont pas pu attendre le temps marqué par Dieu, ils sont allés s'offrir un ministère prématuré dépouillé de la faveur de Dieu. Certains ont sombré dans le matérialisme au lieu d'attendre le temps favorable de leurs bénédictions. Plusieurs hommes d'affaires, ont lancés prématurément une activité vouée à l'échec ou ont fait désespérément recours à un emploi qui ne correspond pas à leurs destinées. Ils en souffrent terriblement au fond d'eux-mêmes, pace que Dieu a conçu leur destinée pour créer de la richesse et de l'emploi afin de répondre aux questions de développement, et non pour être employé dans une entreprise. Dieu vous a conçu assurément pour une œuvre particulière, mais blessé intérieurement par une longue attente et l'adversité sans nul doute, vous vous êtes déjà arrangé une solution dans votre esprit ou vous avez déjà mis en exécution un plan humain qui ne vous procurera jamais la joie de vivre. Le plan de l'Eternel pour vous n'a pas changé comme il manifesta sa fidélité à Abram son serviteur malgré son idée préconçu de faire irrémédiablement d'Eliezer de Damas son héritier légitime.

Dieu inscrit ainsi un signe fort dans l'esprit d'Abram, toute les fois qu'il verra les étoiles dans le firmament, il verra sa postérité prospérer dans son esprit. Cette image fut curative pour Abram, son cœur fit guéri de cette blessure intime. Mentalement, Dieu le préparait ainsi à la bénédiction promise, car notre certitude conditionne toujours nos bénédictions prophétiques.

De plus, L'Eternel transforma son nom et lui dit ''Abraham'' : pourquoi donc Sara a-t-elle ri, en disant : « Est que vraiment j'aurais un enfant, moi qui suis vieille ? Y a-t-il rien qui soit étonnant de la part de l'Eternel ? Au temps fixé je reviendrai vers toi, à cette même époque, et Sara aura un fils ». Cette visite fut curative à dessein pour Sara, elle a changé son attitude. En effet, le temps qui s'écoule sera le synonyme de la réalisation de la promesse pour Sara, son esprit sera lié au temps, à force de compter les jours, son esprit sera définitivement lié à l'enfant qu'elle aura au temps fixé, cet enfant sera conçu dans son esprit au fil de cet intervalle de temps avant même de le concevoir dans ses entrailles. Sa conception déformée de Dieu a subit une transformation positive. Cette nouvelle conception a favorisé la réalisation de la promesse de Dieu. Dieu réalise ses promesses de bénédiction en fonction de notre conception de lui. Notre conviction mise souvent à l'épreuve, conditionne toujours nos bénédictions prophétiques. Ge 18 :11-15

A l'époque indiquée, Dieu s'est souvenu effectivement de Sara et lui donna Isaac pendant sa vieillesse. Réorientons notre analyse en illustrant l'histoire de deux sœurs.

Marthe et sa sœur Marie (celle qui oignit de parfum le Seigneur et lui essuya les pieds avec ses cheveux) avaient un frère nommé Lazare, un ami très proche de Jésus. Lazare fut très malade logiquement, les sœurs envoyèrent dire à jésus : « Seigneur, voici celui que tu aimes est malade » alors qu'il eut appris que Lazare était malade, il resta deux jours encore dans le lieu où il était. Jésus étant arrivé, trouva Lazare déjà dans le sépulcre depuis quatre jours. Or Jésus aimait effectivement Marthe, et sa sœur Marie, et Lazare leur frère. Lorsque Marthe apprit que Jésus arrivait, elle alla au-devant de lui, tandis que sa sœur Marie se tenait assise à la maison, beaucoup de juif la consolèrent de la mort de leur frère. Alors Marthe dit à Jésus « Seigneur si tu eusses été ici, mon frère ne serait pas mort ». Jésus lui répondit : « Ton frère ressuscitera » la réponse de Marthe fut très dissuasive « Je sais qu'il ressuscitera à la résurrection des morts, au dernier jour » il est clair, que Marthe n'avait aucune perspective d'une résurrection immédiate. Alors que Jésus, l'avait prédit, lorsqu'il reçut la nouvelle de la maladie de Lazare, « cette maladie n'est point à la mort mais elle est pour la gloire de Dieu, afin que le fils de Dieu soit glorifié par elle » l'analyse des propos de Marthe prouve qu'elle en voulait à Jésus de n'avoir pas été au rendez-vous à temps. Ses propos prouvent une profonde blessure, un manque de foi. Elle estime qu'il est tout à fait évident, qu'il ressuscite des mort au dernier jour, mais Jésus aurait pu le guérit en répondant à temps à leur attentes. Elle développe donc un rejet d'une probable résurrection immédiate. Elle n'y pense même pas, elle n'envisage aucune possibilité de miracle. Selon son propos, Jésus ne pouvait plus rien faire et sa présence s'avérait inutile. Marie était inconsolable, même en présence de Jésus, elle resta inconsolable. Aucune ne croyait en son projet de miracle. Leur perception de la puissance et la grandeur de Jésus fils du Dieu vivant qui était tout à fait erronée (Jésus est limité, sa puissance n'ira jamais jusqu'à la résurrection immédiate d'un mort) avait basculé au pire, elles voyaient désormais un ami limité et moins affectif. Au regard de leur réaction ''Jésus pleura'' Jean 11:35 ; Jésus frémissait en lui-même, se rendit au sépulcre. C'était une grotte, et une pierre était placée devant. Sous l'ordre de Jésus d'ôter la pierre. Marthe, révéla devant tous sa perception déformée « Seigneur, il sent déjà, car il y a quatre jours qu'il est là » à ce propos Jésus n'en pouvait plus, décida de faire changer sa perception, il lui dit : « ne t'ai-je pas dit si tu crois, tu verras la gloire de Dieu ». Marie et Marthe étaient de brillantes élèves du Seigneur, il leur avait enseigné, les principes de la foi agissante, lorsqu'il leur rendait visite, mais à cause de leur perception erronée de Jésus habilement plantée en elles, ses paroles sont restées comme stériles. Plusieurs fidèles sont ainsi enseignés sur les principes du royaume de Dieu, mais ces paroles n'ont pu atteindre leur être intérieur. Aucune de ces paroles n'a pu connaître une bonne semence en eux, car ils restent conformés aux siècles présents, leur perception erronée de l'évangile empêche leur transformation par le renouvellement de leur intelligence afin de discerner la volonté de Dieu, ce qui est bon agréable et parfait. Tant que votre perception de l'évangile restera erronée, votre conversion restera controversée. Jésus s'attendait nécessairement à une réaction différente. Il lui rappela, l'un des modules des enseignements sur la foi. Sur ses propos, Marthe garda le calme et suivi la scène. Ils ôtèrent la pierre et Jésus opéra le miracle de la résurrection de Lazare. Pourquoi avaient-elles renoncées à ces enseignements si importants sur la foi ? Le cycle du drame silencieux était à sa phase terminale. Leur perception de Dieu était belle et bien pire. A ce stade il est difficile d'appréhender un sujet qui se perd dans les flots d'une discussion torride avec Dieu. Son esprit se ferme à Dieu, il perd toute qualité de croyance. Rappelez-vous, que Jésus pleura sur le sort de Marthe et Marie. Une rétrogression terrible! Marthe entretenait une discussion brûlante avec son maître Jésus, parce que le pouvoir de son maître était limité dans son esprit. Elle l'avait limité, et n'attendait aucun miracle de lui. D'ailleurs, il eut tout le temps de guérir Lazare comme il savait bien le faire. Il prétendait pourtant les aimer. Elle rejetait toute opportunité de revivre un avenir meilleur. Son frère ne pouvait plus revivre et Jésus en était responsable. Rappelez-vous, c'est à ce niveau du cycle d'amertume que la femme de Job, également demanda à Job de maudire son Dieu, et mourir. Elle développa le même symptôme que Marthe« *Quel est donc ce Dieu restrictif, qui n'afflige que ceux qu'il aime!* »

Les blessures nées lorsque nous ne nous attendons plus à Dieu pour une situation donnée créent une perception déformée de Dieu et de la vision que nous avons de lui. Ce sentiment nous entraine à nous défendre vis-à-vis de Dieu ou basculer dans la déception. C'est le cas de Pierre, lorsque Jésus annonça la trahison et l'arrestation dont il serait victime ; cette situation a créé en Pierre un choc énorme. Il ne pouvait pas comprendre pourquoi Jésus son maître bien-aimé, doté de pouvoir illimité soit sans défense devant ses détracteurs ? Il va naitre donc dans l'esprit de Pierre l'image d'un Jésus ayant besoin d'un coup de main en matière de défense fasse à certaines situations. Il alla jusqu'à trancher l'oreille d'un soldat lors de l'arrestation de son maître. D'autres font face à des blasphèmes proférés contre l'Eternel, ils en sont choqués par le silence de Dieu. Cette situation engendre en eux une conception déformée de Dieu. Ils sont déterminés souvent à défendre la cause de Dieu devant leur prochain qui l'aurait offensé. Ils entrent en conflit, entretiennent des sentiments dégradés envers ces personnes, ils peuvent aller jusqu'au pire pensant défendre Dieu. Jésus prouva à Pierre que Dieu n'a pas besoin de l'aide des hommes face à n'importe qu'elle situation. Il n'est pas limité pace qu'il est omnipotent, Il sait toujours ce qu'il fait pace qu'il est omniscient. Jésus reprit par terre l'oreille du bourreau et la recolla habilement. Immédiatement, cet homme retrouva l'usage normal de cette oreille violemment arrachée sans la moindre douleur. Apprenons plutôt à connaitre la vision de Dieu dans ce genre de situations, il utilise toutes les situations données pour sa gloire .Jn 18 :10-11 ; Mt26 :36-54 ; Luc22 :39-51

Victime également de divers événements malheureux plusieurs enfants de Dieu sont blessés par le caractère inoffensif et observateur de Dieu. Cette blessure change leur perception de Dieu. Ils ont planté en leur for intérieur l'image d'un Dieu qui n'est pas avec eux, il ne protège pas leurs intérêts, il ne les défend pas au jour du malheur, ils croient avec preuve à l'appui que Dieu abandonne ses enfants, il n'est pas fidèle à ses promesses.il n'est pas toujours le même.

Gédéon lui dit : « ah ! Mon Seigneur si l'Eternel est avec nous, pourquoi toutes ces choses nous sont 'elles arrivées ? et où sont tous ces prodiges que nos pères nous racontent, l'Eternel ne nous a-t-il pas fait monter hors d'Egypte ? maintenant l'Eternel nous abandonne, et il nous livre entre les mains de Madian ! » Juges 6 :13 ;

David interroge Dieu en ces termes : pourquoi gardes-tu le silence au jour de la détresse ?

Plusieurs ont dû poser les mêmes questions à maintes reprises :

« J'ai prié cette nuit avant de m'en dormir, mais pourquoi l'Eternel n'a-t-il pas empêché ce mari de nuit, cette femme de nuit d'avoir accès à mon corps ? Pourquoi mes nuits sont constamment troublées par des présences étranges ? »

« J'ai invoqué la grâce de Dieu avant ce voyage, pourquoi l'Eternel n'a-t-il pas pu éviter cet accident qui m'a handicapé aujourd'hui, qui a emporté mon proche que j'aime tant ? »

« Nous avons énormément prié pour ce proche, mais pourquoi la maladie l'a emporté ainsi sans que l'Eternel n'intervienne ? »

« Je suis intègre, pourquoi le Seigneur ne me permet 'il pas d'avoir un emploi ? »

« Je suis avancé en âge et je vis dans la chasteté, pourquoi l'Eternel ne me permet 'il pas d'avoir un époux, 'une épouse' » ?

« Seigneur pourquoi mon foyer subit autant de soubresauts ? »

« Mes affaires ne prospèrent pas, pourtant ceux qui ne te connaissent pas prospèrent, pourquoi permets tu cet état de fait Seigneur ? »

« Depuis que je t'ai connu rien ne marche dans ma vie, pourquoi ce mystère Seigneur ? »

« Seigneur mes études sont bloquées, je n'arrive plus à avancer, pourtant je te suis obéissant et je te prie constamment avec foi, et je comprends bien mes cours, pourquoi ne m'aide tu pas Seigneur ? »

« Seigneur j'ai porté cet enfant pendant neuf mois, pourquoi as-tu permis que je fasse une fausse couche pourtant je t'ai longtemps demandé un enfant ? »

« Nous avons prié énormément pour cette croisade d'évangélisation pourquoi as-tu laissé la pluie empêcher son effectivité ? »

« Seigneur pourquoi mon ministère ne prospère pas depuis toutes ces années ? »

« Seigneur pourquoi suis-je né(e) avec ce teint, avec cette taille, cette forme, pauvre, femme, homme, handicapé ou de parent handicapé, dans une telle famille, dans ce groupe ethnique, dans un tel continent, dans une telle ville, dans tel village …? »

« Seigneur pourquoi laisse tu l'ennemi m'accabler ainsi ? »

« Seigneur pourquoi n'as-tu pas permis que je te rencontre pendant mon enfance? J'ai commis trop d'erreurs, ma vie a été un désastre, je ne peux pas effacer mon passé qui témoigne toujours contre moi. »

Cette liste d'interrogation n'est pas exhaustive, Avec toutes ses questions qui rongent votre cœur à petit feu au-dedans de vous-même, que vous gardez comme des secrets douloureux pourraient engendrer des maladies cardio-vasculaires. Entre autres : l'ulcère d'estomac, hypertension. Ou bien des questions qui apparaissent souvent dans vos conversations, ont influencés négativement la perception de Dieu à qui vous continuez de faire un procès intellectuel. Vous voyez désormais en Dieu une entité divine sur qui il ne faut pas compter entièrement, mais avec qui il va falloir faire. Alors en qui d'autre il faut avoir cette entière confiance, si les hommes sont de nature à trahir? La crise de confiance est évidente !

CHAPITRE II

LES SYMPTOMES DES DRAMES SILENCIEUX

Le sentiment de culpabilité

Plusieurs personnes sont prises dans les filets des drames silencieux, ils se reprochent d'avoir agi différemment, ou de ne pas avoir agi comme elles auraient dû le faire.

Jacob était rongé par un sentiment de culpabilité, il se reprochait d'avoir laissé, son fils Joseph suivre ses frères ainés dans les pâturages. Il ne s'était pas pardonné, raison pour laquelle il refusa que Benjamin également les suive. Ge 42 :38 ; pendant plusieurs années, Jacob souffrait en silence de cette décision. Etait-il vraiment coupable ? Absolument pas !

Il ne pouvait pas contrôler tous les événements gravitant autour de la destinée de l'illustre Joseph. Il ne pouvait pas lire, dans les événements un quelconque drame, afin de l'empêcher. De ce point de vue, sa décision n'endossait pas la responsabilité de la perte de Joseph. Des décisions, des actions dont nous nous croyons responsables nous exposent à un drame silencieux. Nous développons instamment un sentiment de culpabilité alors que nous ne sommes pas véritablement responsables.

Dans le cas de Jacob s'il connaissait les raisons profondes, de la perte son fils, peut-être qu'il s'en réjouirait ? L'homme est limité par ses intentions et ses émotions. Dieu est esprit, donc, il voit plus loin que l'homme. Pour voir comme Dieu, développez vos sens spirituels, soyez compréhensif! Et moins émotif, rien n'arrive par hasard !

Pierre le disciple de Jésus, fut l'objet d'un événement tragique. Au soir de l'arrestation de Jésus, Pierre le renia trois fois avant que le coq ne chante deux fois. Mc 14 :66 ; Selon la Bible, lorsqu'il se souvint de la parole de Jésus, lui rappelant ce reniement, il fut dans une grande consternation. En y réfléchissant, il pleura incessamment. Le sentiment de culpabilité découle d'une action ou d'une décision passée mal négociée; c'est un sentiment douloureux, un profond regret face un événement irréparable. Tout compte fait, chaque événement est unique, et irrémédiable, bien qu'il soit souvent funeste. La mentalité ou le regard sur le dénouement d'un événement détermine éventuellement l'état d'esprit du sujet. C'est la manière d'y penser qui provoque le remord. En pensant constamment à ces événements douloureux, Pierre s'était livré à un drame silencieux. Il était sujet à des souffrances intérieures, à des sentiments pénibles « *pourquoi fallait-il que je renie le maître, au moment où il avait le plus besoin de mon soutien ?* » il se reprochait intensément ce choix. Heureusement, Jésus l'avait su, et avait intercédé pour lui d'avance. Luc 22 :32 ; Jésus l'avait prévenu, afin de le préparer à le surmonter. Contrairement à nous, Dieu a le contrôle de tous les événements, il peut donc disposer une personne à traverser des événements douloureux, afin d'en sortir victorieuse. La plupart de ces personnes préfèrent subir les événements, en s'enfermant dans un sentiment d'infériorité et de culpabilité. Pierre devrait plutôt apprendre de cette série d'événements. Des leçons évidentes transparaissent. D'abord, ces événements malheureux visaient à transformer l'état d'esprit de Pierre, le premier aspect visé était son orgueil. Pierre était très fier de lui surtout de sa position et de son rapprochement au maître. Lorsque Jésus rappela à pierre, le projet de Satan qu'il les avait réclamés pour les cribler comme le froment, pierre répliqua aussitôt qu'il était prêt à aller avec lui en prison et même à la mort. Luc 22 :34 ; Il aurait dû faire preuve d'humilité afin d'écouter son maître, l'humilité nous prépare aux défis à venir. L'orgueil nous expose aux erreurs, à la chute et au déshonneur. Pierre se croyait tout suffisant, au point de négliger les avertissements et les prières de son maître. La deuxième faiblesse de Pierre était son zèle exagéré. Dieu a besoin de notre détermination, de notre zèle mais d'un zèle accompagné de sagesse. Le type de zèle développé à l'époque par Pierre était charnel et dangereux. Il ne résiste pas aux tentations, il suffit d'une petite tentation la foi disparaît, et laisse place à la volonté charnelle. C'est ce qui s'est révélé en Pierre lors de l'arrestation de Jésus. Il tira son épée, frappa le serviteur du souverain sacrificateur, et lui coupa l'oreille droite Jn 18 :10 ; la culpabilité de pierre était donc à plusieurs niveaux.

Ensuite, Pierre n'avait pas une foi solide, la Bible déclare, lorsque Jésus, ramena Pierre à la raison, il remit son épée dans le fourreau, il suivit Jésus de loin jusqu'à l'intérieur de la cour du souverain sacrificateur. Pourquoi le suivait-il de loin alors que les autres disciples l'avaient abandonné ? Assurément, Pierre n'avait pas oublié ses engagements, mais il ne tenait plus face aux épreuves. Sa foi en Jésus s'était ébranlée. Cette étape de la chute l'entraina progressivement au reniement.

Enfin, La dernière faiblesse était son instabilité. Lorsque Pierre raviva l'ensemble de ses événements, qui ont favorisé sa chute, il pleura amèrement. Certains événements nous préparent au futur. Ce test favorisa le brisement de Simon Pierre, c'était utile pour l'après Jésus, c'est pour le préparer à ce test que le maître lui avait dit « Satan vous a réclamés pour vous cribler comme le froment, mais j'ai prié pour toi, afin que ta foi ne défaille point ; et, quand tu seras converti, affermis tes frères. » Luc 22 :32-33 ; La mémoire collective retient que Pierre s'est séparé de son maître en entretenant des sentiments de culpabilités mais, s'en est triomphalement sorti. Il fut l'apôtre pionnier de l'église, celui qui leva la voix accompagné des onze et annonça la première fois l'évangile à la pentecôte. Actes 2 :14 ; sortez de votre état de culpabilité et tirez les leçons, certainement vous en serez ravi. Pour aller plus loin et atteindre le sommet, il vous faudra des expériences. Vos échecs passés peuvent vous servir d'expérience. Vos événements peu reluisants passés peuvent vous servir de tremplin afin de mieux réorienter votre destinée.

Les douleurs d'une séparation difficile

Les grandes douleurs sont toujours muettes, c'est incontestablement le symptôme le plus révélateur d'un drame silencieux dans la vie d'un sujet. C'est le fait qu'un sujet ressente des douleurs dues à une séparation inattendue. Il garde indéfiniment les séquelles à l'intérieur de lui, sans le révéler véritablement. Tout ce que vous perdez dans la vie vous contrôlera toujours ; si vous y pensez constamment, si vous y tenez toujours. Refusez de vous y attacher indéfiniment, même si la séparation semble inattendue et inapproprié. Saül, a perdu la royauté suite à sa désobéissance, mais ne voulut point s'en séparer. Il poursuivit David, pendant plusieurs années. David n'était pas sa cible directe, mais il symbolisait son trône qui s'était séparé de lui. David détenait l'onction royale, en l'éliminant peut-être qu'il retrouverait sa place. Il y a des êtres, des biens, des positions, des lieux que vous devez accepter de perdre ou de quitter. C'est un principe divin! Dieu n'a-t-il pas dit à Abraham de se séparer de son père et même de sa patrie ? Combien de personnes poursuivent encore ce qu'ils ont perdu ou ce qu'ils doivent quitter. Combien d'entre nous, refusent de se séparer mentalement de ce qui s'emble s'éloigner. Les séparations font partie de notre quotidien. Lorsque vous refusez une séparation, vous en devenez prisonnier. Beaucoup se laissent contrôler par ce qu'ils ont déjà perdu. Saül, s'est emprisonné dans un drame silencieux, jusqu'à sa mort. En vous attachant à ce qui vous quitte, vous vous exposez à l'amertume, à la rébellion et finalement la mort. Rien n'est définitif dans ce monde déchu, tout ce qui vit à une fin. Même les relations humaines ont une fin, rien ne demeure infini. Plusieurs jeunes gens, ont abandonné leur cœur à un être cher, après une séparation inattendue, l'être s'en est allé en emportant à cause de leur refus d'abandonner, leur bonheur et leur vie. Saül, est resté malheureux, sans vie lorsqu'il a perdu la royauté. Il s'est affaibli continuellement jusqu'à sa mort.

Naomi, la belle-mère de Ruth la Moabite, subissait des afflictions évidentes dues à la mort inattendue de son mari et de ses deux fils. Selon ses propos « je suis trop vielle pour me remarier. Et quand je dirais j'ai de l'espérance ; quand cette nuit même je serais avec un mari, et que j'enfanterais des fils, attendriez-vous pour cela qu'ils eussent grandi, refuseriez-vous pour cela de vous marier ? Non mes filles ! Car à cause de vous je suis dans l'affliction de ce que la main de l'Eternel s'est étendue contre moi »Ruth 1:12-13 ; plus loin, à son retour de Moab, elle dit aux femmes de Bethlehem : « Ne m'appelez plus Naomi mais appelez-moi Mara, le Tout Puissant m'a remplie d'amertume ». Ruth 1:20 ; Naomi exprime avec consternation ses profondes afflictions dues aux séparations inattendues, survenues successivement dans sa vie. Vivant parmi les autres femmes, Naomi semblait morte, la vie sans son mari et ses deux fils était amère et insupportable. Dans sa conception, elle venait de tout perdre, elle avait finalement décrété la fin d'une probable vie de bonheur, sans aucune possibilité de reconstitution. En effet, nous ne perdons jamais tout dans la vie ! La vision de Ruth, l'une de ses belles-filles était différente. Elle était tout de même veuve, mais elle a refusé cette mentalité défaitiste d'isolement. Elle s'est attachée à sa belle-mère, afin de réorienter ensemble les directions d'une destinée gagnante. Ruth 1:16 ; le développement de la mentalité du changement de Ruth fut profitable non seulement à elle-même et également à sa belle-mère Naomi. L'adoption de Ruth lui conféra les largesses d'un beau fils. Naomi n'avait que des fils, mais le développement de l'attitude positive de Ruth, lui affecta les faveurs d'une vraie fille, en lieu et place d'une belle fille. Ensuite, d'un vrai beau-fils en lieu et place d'un fils. Certainement pour elle, il était tout à fait normal de perdre ses deux belles-filles, et d'envisager une vie de solitude infinie. C'est le développement de la mentalité de solitude et de l'isolement.

La solitude et l'isolement

La veuve Naomi doublement affligée s'était enfin relégué dans un sentiment intense de solitude. « Personne ne me comprend ! » ou encore « je suis seule face à cette épreuve, personne avant n'a subi un tel sort, pourquoi moi ? » elle se sentait seule et abandonnée, elle entretenait le projet de se dissocier de tout autre personne. Dans les moments d'épreuves ne développez jamais cette mentalité d'isolement. Lorsque Jésus, fils du Dieu vivant devait accomplir sa mission, au soir de son arrestation il s'est senti seul et abandonné. Souvenez-vous qu'il était habitué à la présence de son Père, car il l'avait signifié à ses disciples qu'il était dans son Père et que son Père aussi était lui, celui qui l'avait vu, avait vu son Père. Cependant au jardin de Gethsémané, Jésus a exprimé sa solitude « Mon âme est triste jusqu'à la mort... » Mt 26 :38 ; Toutefois ce qui est marquant, c'est que, lorsqu'il commença à éprouver de la tristesse et des angoisses, il prit avec lui Pierre, et les deux fils de Zebedée. Il voulut partager ses moments de tristesse avec ses trois disciples. Les trois dont-il s'agit, n'étaient pas de simples compagnons ; ils représentaient ses amis les plus proches. Souvenez-vous qu'ils étaient avec lui lors de la transfiguration. Dans vos moments d'épreuves referez-vous à vos amis les plus proches. Evitez surtout l'isolement et la solitude. Il y a des moments où vous avez plus besoin de présence physiques, ouvrez-vous et demandez le soutien des autres.

Le cas de Jésus projette le cas de plusieurs leaders, qui réclament un soutien mais personne n'y pense vraiment. Ils sont victimes de leur état de grandeur et d'autosuffisance. L'opinion collective laisse à croire qu'ils peuvent tout supporter, d'autant plus qu'ils arrivent à soutenir les autres couramment. Alors que les leaders ont bien souvent besoin de réconfort surtout de soutien. L'exemple de Jésus est parlant, il montre l'état d'esprit du leader face à sa mission, il évoque ses attentes vis-à-vis des autres pendant les moments d'épreuves personnels. La Bible dit qu'il vint vers ses disciples et les trouva endormis, et il dit donc à Pierre

« vous n'avez donc pas pu veiller une heure avec moi ! » il attendait d'eux de l'accompagnement, mais aussi le soutien dans la prière. Ce qu'il leur faut, c'est le soutien dans la prière et des paroles d'encouragement. Dans le récit, il est apparu clairement que Jésus est venu à deux reprises vers ses disciples, mais il les trouva toujours endormis. Ce qu'il attendait c'est le soutien et le réconfort. Très souvent les leaders restent indéfiniment isolés malgré leur volonté de se voir encadrés et soutenus.

Parlant des hommes de Dieu, ils traversent souvent des calamités énormes. Ils gardent le silence et endurent des épreuves. La plupart des hommes de Dieu ne sont pas soutenus, ils sont isolés et abandonnés. Au temps du roi Achab, Elie le Tchischbite, Prophète de Dieu, l'un des habitants de Galaad, avait annoncé la sécheresse. Retenez que lorsqu'il annonçait la sécheresse, il était lui-même humain et également habitant de la circonscription concernée. Mais personne n'y avait pensé. Tous estimaient : « dans tous les cas, Elie est l'homme de Dieu, il en prendra soin » c'est d'ailleurs l'opinion de la majorité aujourd'hui. Dieu n'en disconvient pas, il peut prendre soin de ses serviteurs. Il l'a prouvé, la Bible dit : « et la parole de l'Eternel, fut adressée à Elie, en ces mots. Pars d'ici, dirige-toi vers l'orient et cache-toi près du torrent de Kerith, qui est en face du Jourdain. Tu boiras de l'eau du torrent, et j'ai ordonné aux corbeaux de te nourrir là. » La Bible dit qu'il fit selon la parole de l'Eternel. Les corbeaux lui apportaient du pain et de la viande le matin et le soir. Mais au bout d'un certain temps le torrent fut à sec, car il n'était point tombé de pluie dans le pays. Il n'y a aucun doute, il y a des moments où le torrent des hommes de Dieu est à sec. Ce qui produit les ressources de Dieu en eux est par moment à sec. Pour la simple raison qu'ils partagent votre environnement. Ils peuvent donc avoir les mêmes besoins que vous, les mêmes manquements, les mêmes émotions, car ils sont des hommes d'abord, avant d'être des hommes de Dieu. La Bible Dit le torrent était vide parce qu'il n'était tombé aucune pluie. Il s'agit de la même pluie, il n'y pas une pour l'homme de Dieu, et une autre pour le peuple. Il devait subir lui aussi ce phénomène environnemental, mais personne n'y avait pensé. Ce fut un véritable drame silencieux pour Elie, l'homme de Dieu. Dieu qui n'abandonne jamais ses serviteurs lui ordonna : « Lève-toi va à Sarepta… j'y ai ordonné à une femme veuve de te nourrir » il ne s'agit pas dans ce récit d'une simple femme, mais d'une veuve. C'est surprenant, comment Dieu a osé choisir une veuve pour s'occuper de son serviteur ? Ne vous sous-estimez jamais, quelque soit votre position vous pouvez nourrir un serviteur de Dieu. En fait, Dieu utilise son serviteur afin de nourrir son peuple, mais dans les épreuves souvent il se servira de vous afin de nourrir son serviteur. Un vrai serviteur de Dieu n'a pas de parent, Dieu lui trouve des parents, vous en êtes certainement un. Dieu utilise tellement ses serviteurs qu'il leurs manque souvent les moindres choses, ils en souffrent, car leur torrent est souvent à sec.

Lorsque vous soutenez un homme de Dieu, Dieu se souviendra également de vous, lorsque vous passez par des épreuves. Un jour, Elisée passait par Sunem, une Sunamite, le pressa d'accepter de manger. Et toutes les fois qu'il passait, il se rendait chez elle pour manger. Elle combla le souci d'hébergement du serviteur de Dieu en lui réservant, elle et son mari une chambre haute bien équipée. Or cette femme de distinction, souffrait silencieusement d'un manque d'enfant, depuis plusieurs années. Elle avait finalement abandonné son besoin parmi le lot des problèmes sans solutions. Et pourtant elle en souffrait. Au fond d'elle-même ce besoin ne pouvait être pourvu. Elle a certainement tenté toutes les possibilités éventuelles sans succès. C'est pour cette raison qu'elle répondit : « Non ! Mon seigneur homme de Dieu ne trompe pas ta servante ! » Lorsque Elisée lui dit, à cette même époque, l'année prochaine tu embrasseras un fils. » C'était un véritable drame silencieux ! La femme devint enceinte et enfanta un fils à époque prédit par l'homme de Dieu. 2 Rois 4 : 8-17 ;

Le Prophète Jérémie quant à lui, demeurait constamment dans l'isolement, dans le livre des lamentations, il s'alarma : « c'est pour cela que je pleure que mes yeux fondent en larmes ; car il s'est éloigné de moi, celui qui me consolait, qui ranimait ma vie » Lam 1 :16 ; à l'image de Jérémie le prophète de solitude, beaucoup de serviteurs n'ont pas de consolateur quand ils vivent les calamités.

L'un des signes de la solitude et de l'isolement, c'est l'effondrement du sujet en larmes. Ce sont des lamentations intenses qui finissent par se renfermer à l'intérieur du sujet. Ainsi c'est le cœur qui fond silencieusement en larme. Il faut éviter surtout que cela devienne une habitude signe d'isolement et de solitude, en s'y laissant aller à l'excès. Les conséquences pourraient conduire à la psychose. Comme en tout il faut que la modération soit de mise. Même si tout vous abandonne gardez le contrôle.

Job dans ses complaintes exprime sa profonde solitude : « il a éloigné de moi mes frères, et mes amis se sont détournés de moi ; je suis abandonné de mes proches, je suis oublié de mes intimes. Je suis un étranger pour mes serviteurs et mes servantes, je ne suis plus à leurs yeux qu'un inconnu ». Tout se complique lorsqu'un sujet est complètement isolé. Job était dans un état de crispation terrible ; son environnement ne lui donnait pas le choix, même s'il ne le voulait pas, il était plongé dans un drame silencieux. Même Dieu semble absent dans l'histoire pathétique de Job. Soutenez-vous les uns les autres.

Le manque de pardon

Le manque de pardon est souvent la raison de plusieurs drames silencieux, le sujet développe un ressentiment douloureux à l'intérieur de lui-même. C'est un mal terrible et agressif qui le ronge silencieusement, il entretient constamment des crises de nervosité et de stress. Il en souffre intérieurement jusqu'à ce qu'il décide de pardonner ou de se venger. Si la première option est curative, la deuxième est un venin mortel qui le détruira inévitablement. Le prince Absalom, l'un des fils du prestigieux Roi David, souffrait de ce mal lorsque son demi-frère le prince Amnon déshonora la princesse Tamarsa sœur cadette. Absalom consola sa sœur Tamar, « c'est ton frère, ne prend pas cette affaire trop à cœur, » Et Tamar, désolée, demeura dans la maison de son frère. Absalom ne parla ni en mal ni en bien avec Amnon. Mais il ne pouvait oublier l'acte ignoble de son demi-frère. Plus le temps ne passait plus le mal s'avérait persistant. Un jour il n'en pouvait plus, alors il donna l'ordre à ses serviteurs de tuer Amnon. Il s'est vengé pour apaiser ses douleurs. Dieu est contre la vengeance il a dit : « A moi la vengeance, a moi la rétribution ! » Hébreux 10 :30 ; lorsque vous vous vengez vous libérez votre bourreau. Alors que si vous pardonnez, vous laissez la latitude à Dieu de vous venger. Il le fera certainement, car il est de son ressort de rétablir la justice. Le monde appelé cosmos, est régi par des lois divines, elles s'appliquent au fil du temps. Le temps se substitue à cette justice pour l'appliquée. Chaque événement qui vous accable suite à une injustice enclenche la justice de Dieu, elle s'appliquera absolument. Ne vous faites donc pas justice, vous êtes condamné à pardonner pour voir la justice de Dieu s'appliquer. Vous vous ferez plus de mal en vous faisant justice. Vous vous exposez à la rébellion et à la colère de Dieu en optant pour la vengeance. Absalom, suite à sa vengeance fut recours peu après à la rébellion et enfin à la mort. Il est malheureusement décédé en voulant se faire justice, en voulant s'approprier le pouvoir royal. C'est la justice divine qui attribue le pouvoir. Absalom, s'était habitué à une auto-justice, ainsi il voulut s'approprier un pouvoir royal non-attribué. Le Dieu qui rétablit la justice est le même qui donne le pouvoir. S'il avait appris la première leçon en laissant sa part de justice à Dieu, il aurait compris que le même Dieu qui rétablit la Justice est celui qui donne le pouvoir. Du moins, la même justice, qui défend est celle qui attribue le pouvoir. Il existe une Co-relation entre les événements ; Elles forment une seule entité mais développent des cellules liées à nos actions, qui sont censés enclencher leurs ouvertures à notre vie. Ainsi une mauvaise action provoquera plus tard d'autres mauvaises actions. Le manque de pardon est un fait, mais la rébellion est sa conséquence directe.

Lorsque Dieu vous demande de pardonner, il vous sécurise contre le mal. Quand vous posez un acte odieux et que vous en êtes pas conscient vous excisez votre esprit au mal, ainsi vous vous exposez à un autre acte plus grave. Lorsque Dieu décide de vous venger, il fera surement du mal à votre bourreau toutefois Dieu détient le contrôle du mal et du bien, contrairement à l'homme. Lorsque la justice de Dieu s'exécute, elle sait s'arrêter et s'effectue comme il se doit. Un homme exposé à la vengeance ne s'aura jamais s'arrêter. Le mal s'implantera en lui et l'animera toujours. Le males appétissant ! Absalom réclama le pouvoir du vivant de son père ; Il l'affaibli et l'obligea à un combat d'autorité. Pourtant Dieu ne lui avait pas donné le pouvoir. Le mal qui l'habitait l'obligea à déshonorer les concubines de son père ce qu'il avait reproché à son défunt frère princier Amnon. Absalom le plus beau des princes Davidique s'exposa à la justice de Dieu, il fut donc exécuté cruellement lors d'un combat face aux généraux de son père.

Vous n'êtes jamais mieux que ceux que vous accusez, alors accepter de pardonner signifie que vous êtes logé à la même enseigne que votre bourreau ; Dieu le juste juge, seul est différent et vous fera justice. Ainsi, si Dieu décide de pardonner, vous également décidez de pardonner. Votre bénédiction en dépend et sachez que Dieu est miséricorde. Il dispose d'un cœur compatissant qui condamne peu, il laisse toujours à un homme l'occasion de se repentir.

Joseph opta pour le pardon, c'est une véritable puissance qui libère ! Il fut enlevé et vendu par ses frères aux marchands Ismaélites, qui l'amenèrent en Egypte, où il fut finalement livré comme esclave à Potiphar, l'officier du pharaon Ses frères le haïrent parce qu'il eut un songe prometteur. Joseph vivait comme esclave chez Potiphar sans que personne ne s'en préoccupe. En effet, beaucoup de justes périssent et nul ne prend garde, les gens de biens sont souffrants, et nul ne prend garde. Esaïe 57:1; Après ces événements, son drame s'empira. La femme de Potiphar porta ses yeux sur lui, mais il refusa de coucher avec elle ainsi, il fut injustement accusé, condamné et emprisonné. Ge 39:20; C'est une tragédie de vivre comme esclave, mais il est pire de vivre comme un esclave prisonnier. Tout ceci arriva parce qu'il fut livré par ses propres frères. Plusieurs, vivent des calamités dues à l'action préméditées d'un proche. Ils gardent longtemps les affres de cet acte en eux. Soit leurs souffrances sont liées à l'action innocente d'un proche dans le passé. Soit, ils restent indéfiniment fauchés parce qu'un proche a occasionné sciemment leur échec.

Un père, une mère, un parent, un conjoint, un ami… a hypothétiquement occasionné votre affliction. Malgré votre innocence vous subissez toujours les affres de ce mal. Joseph était souffrant mais le véritable drame silencieux, c'est qu'il était conscient de la culpabilité de ses frères. Longtemps après Dieu s'est souvenu de ses promesses, et éleva l'illustre prisonnier Joseph premier ministre D'Egypte suite à ses relations Ge 41:41-42. Joseph l'homme des grands songes a développé son talent, en décelant et en révélant les songes du grand pharaon. Grâce à la politique gouvernementale proposée par Joseph ; L'Egypte fut épargnée de la famine qui frappait toutes les régions ; Jacob, voyant qu'il y avait du blé en Egypte, envoya ses dix frères coupables pour en acheter. Joseph commandait en Egypte, c'est lui qui vendait du blé à tout le peuple. Joseph vit ses frères et les reconnut, mais eux ne le reconnurent pas. Il se souvint des songes qu'il avait eus à leur sujet. Tout compte fait, il lui était difficile de pardonner ce mal prémédité. Après avoir longtemps résisté il céda : Joseph ne pouvait plus se contenir devant tous ceux qui l'entouraient. Il s'écria : « faites sortir tout le monde ». Il se fit connaître à ses frères, il éleva la voix, en pleurant. Les Egyptiens l'entendirent, et la maison de pharaon l'entendit. Ils leur dit : « ne vous affligez pas, et ne soyez pas fâchez de m'avoir vendu pour être conduit ici car c'est pour vous sauver la vie que Dieu m'a envoyé devant vous ». Ge 45 :1-5 ;

Les pleurs sont souvent curatifs pour évacuer le mal emmagasiné à l'intérieur d'un sujet, et le délivrer du drame silencieux. Joseph certainement s'émouvait pour éjecter le sort de cette grande affliction, du genre « ça suffit il faut en sortir! ». Le manque de pardon est un venin mortel qui vous ronge tant que vous refusez de l'extérioriser et de pardonner. Les grands cris de Joseph prouvent également que ce mal était profond, et qu'il est douloureux de pardonner, quand le mal s'enracine à l'intérieur de sa cible et l'affaiblit continuellement. Enfin en poussant de grands cris, Joseph venait de vaincre ce drame silencieux. Les grands cris sont souvent le signe de la force et de la prise de pouvoir d'un être sur son état moral préalablement assujetti. C'est également le signe de la victoire ! Il reste que, les grandes douleurs sont muettes et coriaces, il vous faut absolument de grands cris (pleurs) pour les évacuer, mais sachez, vous arrêter, car tout excès est nuisible. Ne prenez pas plaisir à résister, dans tous les cas, vous serez déprimé. Décidez de vous extérioriser et pardonner.

Tout ce qui vous arrive par le biais d'une autre personne vise à vous élever. Bannissez toute éventualité d'ennemis sur votre parcours, car un ennemi humain est toujours un facteur de promotion. Dieu utilisa les frères de Joseph pour réaliser ses songes. Tous ces acteurs susceptibles d'être jugés comme ses ennemis, furent-ils vraiment de vrais ennemis ? Dans ce concept parlons plutôt d'acteurs. Nos ennemis sont des acteurs, acquis pour le but de notre destinée. À la croix, Jésus demanda au père de pardonner tous ceux qui avaient contribué à sa crucifixion. Disait-il « car ils ne savent ce qu'ils font »Luc 23 :34. Quand Dieu approuve les voies d'un homme il dispose favorablement à son égard même ses ennemis. Pr 16 :7 ; si vous avez des supposés ennemis, Dieu utilisera leurs actions pour atteindre le but de votre existence. Pourquoi faut-il que quelqu'un vous haïsse ou vous trahisse avant que vous soyez élevé ? Cela vise nécessairement à nous amener à comprendre les autres et à devenir comme Dieu. Car il est apte a pardonné l'homme. Dieu est juste et fidèle pour nous pardonner ; même quand nous sommes infidèle, lui il demeure fidèle pour nous pardonner. À la croix Jésus a décidé de pardonner tous ses bourreaux c'est pourquoi son nom fut élevé au-dessus de tous les noms. Act 4 : 12, 1 Tim 2 :5 Ainsi décider de pardonner, c'est accepter l'élévation.

Les expériences difficiles présentent une formation aux principes de Dieu, c'est un passage obligatoire. Il faut se libérer des drames silencieux pour avancer car Dieu nous attend au sommet. Mais comment y arriver ? C'est la question évidente qui nous introduit dans la deuxième partie de ce livre.

DEUXIEME PARTIE

COMMENT SE LIBERER D'UN DRAME SILENCIEUX ?

CHAPITRE I

COMMENT SORTIR DE LA PRISON DE L'AFFLICTION ?

En abandonnant ceux que vous aimez, vous leur prouvez davantage votre amour. Si vous aimez vraiment un proche, acceptez de l'abandonner, car chacun à un parcours et vous devez participer à chaque étape de son parcours. L'abandon est un principe stratégique, nos relations sont également soumises à ce principe. De nombreuses personnes ont toujours lutté pour garder auprès d'eux ceux qu'ils aiment, hypothéquant dangereusement leur avenir. En acceptant d'abandonner stratégiquement un être aimé vous lui prouvez davantage votre amour. Lorsque l'amour et le principe s'affrontent, laissez toujours place au principe, car le principe vous rattrapera toujours. Le principe est plus fort que l'amour, si vous décidez de résister au principe, votre amour en souffrira, alors que si vous vous abandonnez à l'accomplissement des principes, votre amour grandira. En vous soumettant au principe, il renouvèlera ce qu'il vous a pris; autrement dit le principe vous comblera et restaurera toujours votre vide émotionnel.

En acceptant d'abandonner, vous choisissez de vaincre l'influence du drame silencieux. Vous vous sentirez libérer et projeter vers l'avenir. Les douleurs de l'affliction restent constantes, lorsque vous demeurez dans un état de résistance. Car ceux que vous aimez sont au demeurant une partie de vous. Lorsqu'ils vous quittent, c'est une partie de vous-même qui vous quitte. La douleur que vous ressentez est l'impact de l'amour, qui est l'élément émotionnel de l'être séparé de vous. C'est une partie réelle de votre état intérieur qui se détache de vous. Cette réalité provoque un vide émotionnel et une blessure. En refusant d'abandonner vous envenimez davantage cette blessure. Mais en acceptant d'abandonner, vous la soignez et vous la cicatrisez définitivement. Aussi, le vide intérieur ne sera jamais comblé si vous vous attachez toujours à l'être éloigné. Acceptez donc de libérer en votre for intérieur le passé que vous vivez encore en vous-même, bien que éloigné de vous dans les méandres du temps passé. Quittez la station du passé où vous êtes et choisissez d'emprunter le véhicule du présent censé vous conduire vers un futur planifié par Dieu pour vous. Ce message s'adresse à tous ceux qui ont été séparé d'un être cher, d'un travail bien rémunéré, d'un poste honorifique, d'un rang social élevé, d'un pays, d'une ville, d'une maison, d'un bien, d'une habitude... attachés à l'âme. Acceptez de libérer votre être intérieur. Projetez-vous vers l'avenir planifié par Dieu.

Abandonnez pour développer votre foi en Dieu

Abraham a accepté d'abandonner entièrement et intérieurement sa patrie, la terre qui a gagné son affection au fil des années, son âme était attachée à ce lieu. Il a quitté sa famille avec qui, il a développé pendant plusieurs années un lien affectif indescriptible. La douleur de la séparation était intense dans la mesure où sa destination était inconnue de tous, y compris de lui-même. Il obéissait à la voix de Dieu inconnu de tous et invisible. Tous étaient étrangers à ses pratiques et son approche divine. La séparation d'avec ses amis était une expérience difficile. Il quittait aussi des habitudes construites en lui depuis des années. Il a forcément quitté une culture et des pratiques divines encrées en lui depuis des années. Abraham a accepté de se projeter dans un avenir certain dont Dieu seul en détenait le secret. Il s'est abandonné à Dieu. Il développa une grande foi en Dieu Ge 12:1-9. Développez la foi en vous projetant dans l'avenir conçu par Dieu pour vous. Vous ne posséderez jamais votre avenir si vous restez à la station du passé, vous constituez une entrave à votre devenir, votre destinée, le plan de Dieu pour votre vie. Abandonnez-vous entre les mains de votre maître, le maître de votre vie. Vous avez été fait par Dieu et pour Dieu, il tient les secrets de votre avenir, suivez ses conseils. Abraham a accepté d'obéir à Dieu, il a été béni et est devenu une source de bénédiction. Acceptez d'abandonner intérieurement d'abord, c'est le plus important, car notre intérieur est le législateur de notre extérieur, ne retenez plus en vous ce qui s'est éloigné de vous ou que vous êtes appelé à quitter, car vous avez la vocation d'être béni par Dieu et devenir une source de bénédiction pour les autres par le moyen de la foi, obéissez à Dieu.

Abandonnez par obéissance à Dieu

La femme de Lot sortie brusquement et pratiquement bredouille de la ville de Sodome et Gomorrhe, a gardé en elle la ville qu'elle était censée quitter pour une nouvelle vie conçue par Dieu. Elle n'a donc jamais accepté de quitter mentalement ses biens, ses amies et tous ce qu'elle a bâtis avec affection pendant plusieurs années de dur labeur. Son regard en arrière est la preuve de cet attachement certain au passé. La Bible déclare qu'elle est donc devenue une statue de sel. Jésus instruit un homme en ces termes : « celui qui regarde en arrière n'est pas apte pour le royaume de cieux » ! Plusieurs personnes ayant refusés d'abandonner le passé, sont devenus stationnaires et inefficaces finalement inutile à Dieu et à la société. Plus tard, ses deux filles ont commis l'inceste avec leur propre père après l'avoir rendu ivre, pour selon elles lui donner une descendance. Cette abomination a effectivement donné à Lot une descendance dans sa vieillesse, mais une progéniture frappée par la malédiction. Votre refus d'abandonner aura forcément des conséquences sur vous et sur vos proches. Penser y maintenant et amorcez votre départ vers l'abandon, pour le service de Dieu Ge 19 :1-38.

Abandonnez pour le service de Dieu

Dieu dit à Josué certes tu viens de perdre Moïse, maintenant lève-toi, passe ce Jourdain toi et tout ce peuple, pour entrer dans le pays que je donne aux enfants d'Israël. Ne t'ai-je pas donné cet ordre : fortifie-toi et prends courage ? Ne t'effraie point et ne t'épouvante point, car l'Eternel, ton Dieu, est avec toi dans tous ce que tu entreprendras Josué1 :2-9. Aujourd'hui c'est à vous que Dieu s'adresse. Il a une nouvelle mission pour vous, cette mission fait partie de votre destinée. Dissipez la peur en vous et armez-vous de courage, abandonnez le passé douloureux, levez-vous et entrez dans votre nouvelle mission, vous et vos proches, vous et tous ceux qui vous aiment. En effet, votre entourage doit passer la transition avec vous. Vos proches ont un rôle important dans la transition qui demande le dépassement de soi. Chers hommes de Dieu, acceptez la nouvelle mission que Dieu vous confie. Acceptez d'abandonner pour œuvrer pour le maître, acceptez votre nouveau lieu de service, acceptez les nouveaux fidèles, les nouveaux collaborateurs, les nouveaux défis, c'est bien Dieu qui vous y envoie, votre destinée, votre ministère en dépend. Abandonnez vos acquis, ils appartiennent en réalité au maître, il vous envoie pour de nouveaux exploits. Vous êtes à son service. Vous devez obéir ! Ne vous accrochez pas à vos acquis et ne vivez pas le passé dans le présent, passez le cap ! L'environnement a changé, les défis ont changé également ! Ne retenez pas en vous le passé, abandonnez tout, tournez-vous vers l'avenir. L'apôtre Paul déclare : « je fais une chose, j'oublie le passé et je regarde à ce qui est à venir » PHIL 3 :13 ; cultivez en vous des stratégies pour l'avenir.

Cette parole est aussi pour tous ceux qui ont un appel pour un sacerdoce royal, qui sont appelés à abandonner leur profession, leur niveau de vie, leur habitudes, leur famille, leur amis, pour servir pleinement Dieu. Obéissez à la voix de Dieu et ne nourrissez pas la nostalgie, dissipez la mélancolie et abandonnez-vous à Dieu. Vous êtes dans votre destinée, ne craignez point, Dieu est avec vous. Abandonnez pour vous projeter dans l'avenir.

Abandonnez pour se projeter dans l'avenir « l'exemple de Dieu »

Dieu entretenait de bons rapports avec Adam et Eve, Dieu avait créé l'homme à son image, il l'aima infiniment. Adam et Eve faisaient partie de sa famille et de son quotidien. Dieu, voyait en eux son image et sa ressemblance. Il rendait visite continuellement à ce couple et partageait de l'amour et de la communion avec eux. Apres le péché du plus vieux couple, Dieu accepta la séparation douloureuse qui lui était infligée. Alors qu'il avait mis son espoir en Adam, il était habitué à sa présence. Cependant, il devait faire face aux principes qu'il avait lui-même établi. La mort est un principe divin, lorsqu'Adam et Eve ont désobéi, ils ont accordé leur vie à ce principe, les séparant ainsi de Dieu. Le principe disait : « tu pourras manger de tous les arbres du jardin ; mais tu ne mangeras pas de l'arbre de la connaissance du bien et du mal, car le jour où tu en mangeras, tu mourras » Ge 2 :16-17. Le péché et la mort ont séparé l'homme de Dieu. Depuis cette séparation, l'esprit de Dieu s'est éloigné de l'homme, depuis ce jour, la mort nous sépare de nos êtres les plus chers.

En acceptant d'abandonner Adam et Eve, Dieu décida de se projeter vers l'avenir. Il n'oublia pas l'homme pour autant, mais décida d'accepter le principe de la mort et de l'abandon. L'abandon de Dieu est stratégique, lorsqu'il abandonne, il décide de se projeter dans la postérité en vue de garantir l'avenir. Dieu est le concepteur de l'avenir, il élabora le projet du salut, en suscitant un dernier Adam « Jésus ». Dieu ne s'est pas laissé dominer par le principe de la mort, et de la disparition de ceux qu'il aime, il domina plutôt la mort et se projeta dans l'avenir.

Dieu n'est pas émotionnel, il fait toujours prévaloir les principes au-dessus de sa propre volonté. En décidant d'abandonner Adam et Eve, il n'exprimait pas sa volonté absolue, mais accepta de restaurer son image à l'intérieur de l'homme. Dieu a été toujours au-dessus de la mort et du principe de l'abandon, car il sait se repositionner pour un futur meilleur.

Dieu ne s'arrêta pas uniquement à l'abandon du premier archétype (Adam), il décida également d'abandonner le deuxième archétype (Jésus). La mort est probablement le pire des sorts de l'histoire humaine, cependant, comment l'éradiquer ? Dieu en livrant Jésus, décida d'en finir une bonne fois pour toute et de restaurer son image éternelle en l'homme. Jésus était le dernier Adam, assurément, le dernier espoir de Dieu. Il était son fils unique, celui en qui il avait mis tout son affection. Il lui exprima son grand amour lors de son baptême, il décida nonobstant de l'abandonner. Quelques minutes bouleversantes avant de tirer sa révérence, Jésus s'écria : « mon Dieu, mon Dieu, pourquoi m'as-tu abandonné » ?[Mc 15 : 34]

Décider d'abandonner est une réalité, l'accomplir en est une autre. Dieu avait le choix de refuser la mort de son fils *« en définitive, il est le Dieu au-dessus de tout »* pourquoi avait-il opté pour le principe de l'abandon ? La mort demeure un principe redoutable! La mort est la séparation la plus absolue de tous les siècles. Dieu ne s'était jamais séparé de son fils, comprenez donc la douleur qu'il pouvait ressentir ! Face aux cris de détresse et de solitude de son fils, séparé de lui et abandonné de tous, [Marc 15 : 34 / Esaïe 53 :1-12]. Il aurait pu changer d'avis, pourquoi demeura-t-il fidèle au principe de l'abandon ? Lorsque le principe de l'abandon se heurte contre vous, coopérez ! Il y va de votre bien être et de votre avenir! L'homme est à l'image de Dieu[Ge1 :27], il peut donc adopter les positions de Dieu, pour mieux vivre et éviter les drames silencieux ; en acceptant d'abandonner ceux qu'il aime. Le psalmiste déclare en substance dans le psaume chapitre 82 verset 6 : « j'avais dit : Vous êtes des dieux, Vous êtes tous les fils du Très-Haut ».Vous êtes de Dieu, votre dimension spirituelle surpasse votre dimension charnelle et émotionnelle. Vous êtes des êtres spirituels dans une expérience physique. Vous êtes capables de ce dont Dieu est capable face au défi de l'abandon. Car votre esprit surpasse votre âme, les principes divins en vous surpassent vos émotions comme Dieu, pour payer le prix.

Abandonnez pour payer le prix « le cas du fils prodigue »

Un homme avait deux fils, le plus jeune dit à son père : « mon père, donne-moi ma part de bien qui doit me revenir. Et le père lui attribua sa part d'héritage ; peu de jours après, il partit, pour un pays lointain où il dissipa son bien en vivant dans la débauche. Lorsqu'il eut tout dépensé, une grande famine survint dans le pays, et étant rentré en lui-même, il commença à se souvenir du bonheur dans lequel il vivait auprès de son père. Le fils prodigue retourna vers son père « mon père j'ai péché contre le ciel et contre toi, je ne suis pas digne d'être appelé ton fils ; » mais le père dit à ses serviteurs « apportez vite la plus belle des robes, et l'en revêtez ; mettez-lui un anneau au doigt, et des souliers aux pieds amenez le veau gras, et tuez le, mangeons et réjouissons-nous ; car mon fils que voici était mort et il est revenu à la vie ; il était perdu, et il est retrouvé ». Et ils commencèrent à se réjouir. Luc 15 :11-23

S'il aimait autant son fils pourquoi l'avait-il abandonné sur sa demande ?

Il y a des personnes qu'il faut accepter de perdre afin de les aider à accomplir leur destinée. Elles ont besoin d'être seules, pour comprendre les raisons profondes de leur existence. Dans ce cas, la séparation a pour but de révéler à l'être aimé sa propre vie. Quelque soit le temps, il faut qu'elles se sentent abandonnés, cela leur permettra de retrouver le bon chemin, pour activer en elles une prise de conscience. L'amour vrai sait abandonner, et accepte toujours les séparations les plus douloureuses. L'amour dans son sens vrai implique la séparation, Dieu aimait son fils mais il s'en est séparé afin d'élever son nom au-dessus de tous les noms. L'amour garantit la liberté « L'amour=liberté » Dieu a donné à Adam et Eve leur liberté. Cette attitude permet de garder le contrôle de soi et d'avoir la maîtrise de l'avenir. La séparation est un principe qui s'impose aux hommes de grande destinée, le père du fils prodigue a appliqué cette vérité et s'en est sorti. Accepter de réussir c'est accepter d'abandonner.

Il faut accepter d'abandonner pour payer le prix

A ce stade le prix à payer est à deux niveaux :

- Celui qui est abandonné doit souffrir
- Celui qui accepte d'abandonner devra souffrir

Les deux acteurs doivent s'y mettre pour accomplir le but d'une existence. Il faut avoir un grand cœur pour entretenir un tel état d'esprit. Il faut être patient et persévèrent afin d'aider le contrevenant à découvrir le meilleur chemin. Aimer une personne, c'est l'aider à accomplir sa destinée, vous acceptez ainsi, de payer le prix pour accomplir la volonté de Dieu. Accomplir une destinée c'est accomplir une partie de la volonté absolue de Dieu.

C'est ce que vous aimez, que vous devez accepter d'abandonner !

Abandonnez par amour « le cas d'Isaac »

Lorsqu'une personne accepte de se séparer d'un être cher ou d'un bien précieux, Dieu se souvient de lui. Bien que la séparation soit difficile à accepter, il faut apprendre à développer le courage et accepter la perte d'un être bien aimé ou d'un trésor lié à votre âme.

Abraham était l'heureux père d'un fils, qu'il eut en sa vieillesse ; il reçut un ordre du Seigneur d'accepter de s'en séparer (le sacrifier). Dans son esprit, Abraham avait déjà abandonné son fils, il avait déjà sacrifié Isaac avant même de faire route vers la montagne. Sur la montagne dans la tentative de sacrifier son fils, Dieu lui offre un bélier pour lui exprimer toute la reconnaissance pour son obéissance, sa foi, sa soumission inconditionnelle à la souveraineté divine et son grand amour pour Dieu qui surpasse celui qu'il a pour son fils. Acceptez d'abandonner pour Dieu, Il ne vous abandonnera pas en retour, son désir est de vous voir heureux et non malheureux, de vous enrichir et non le vous appauvrir. Vous devez offrir tout ce que vous aimez à Dieu par amour. Dieu réclamera toujours ce que vous aimez le plus. Dieu ne considère jamais quelque chose que vous-même ne considérez pas ! Votre enfant, époux (se)ou vos biens que vous aimez plus que Dieu sont naturellement exposés au sacrifice. Lorsque vous vous attachez à un bien ou un être vous l'exposé à un sacrifice. Anne l'a comprise puisse qu'elle voulait tellement avoir un fils qu'elle décida de le consacrer à Dieu. Dieu lui-même a tellement aimé le monde qu'il abandonna son fils bien aimé au sacrifice Jn 3:16. Tout ce que vous aimez extrêmement est exposé éventuellement à un véritable sacrifice. Quelque soient les circonstances ou les causes de la perte, votre amour en est le véritable responsable. Alors attachez-vous plutôt à Dieu, et soyez équilibrés, ainsi vous et vos possessions seront en sécurité. Dieu est jaloux, la sécurité de vos biens et votre être aimé dépendra de votre manière d'aimer. Abandonnez donc pour votre bénédiction.

Abandonnez pour votre bénédiction

Anne a offert à l'Eternel, Samuel, le fruit de ses entrailles après plusieurs années de stérilité. Le plus important reste le fait qu'elle s'est séparée moralement de son fils sans regret aucun, pour le mettre au service de Dieu. Dieu n'hésita pas à bénir davantage sa servante Anne avec d'autres enfants. Abandonnez en vous-même ce bien précieux que vous avez offert à Dieu et dissipez le regret et l'amertume qui vous consument depuis ce jour où vous vous êtes séparé de votre bien précieux et Dieu vous bénira en retour. Il répondra à votre acte de foi. Que cette expérience ne créé pas en vous la phobie des dons à l'Eternel. Jetez votre pain à la surface des eaux avec le temps vous le retrouverez Eccl 11 :1. Vous entrez ainsi dans votre destinée.

Abandonnez pour entrer dans votre destinée « cas de Joseph »

Joseph le fruit d'une longue attente due à la stérilité de sa mère Rachel était fort aimé de son père Jacob. Cette longue attente mettait en exergue le plan glorieux de Dieu pour Joseph. Attendez-vous un enfant depuis des années ? Ne désespérez pas, vos entrailles sont certainement visités par l'Eternel, il y accomplit certainement une grande œuvre qui demande du temps. Cultivez votre foi dans la patience. Car Dieu à prouver par plusieurs fois dans la bible qu'un enfant qui tarde à venir est destiné à un dessein glorieux. Isaac, Samuel, Jean-Baptiste en sont aussi les illustrations à l'instar de Joseph le prodigieux. Dieu révéla donc à Joseph par le biais de deux songes similaires, sa destinée glorieuse. On pourrait dire, le plan global du gratte-ciel que Joseph devait bâtir. A la vue d'un gratte-ciel on est époustouflé par sa splendeur spatiale, mais on oublie souvent sa profondeur discrète bâtie minutieusement dans une grande souffrance fondue dans le temps. Joseph devait être très élevé, cette donne énigmatique suscita la haine chez ses propres frères ainés qui finissent par mettre en évidence leur plan de détruire sa destinée glorieuse en le vendant comme esclave à un riche commerçant en partance pour l'Egypte. Devenu un vil esclave en Egypte, un seul jour suffit pour qu'il voit ses rêves volés en éclat. Son amertume était à son firmament. Les fondements du gratte-ciel ont commencé à être posés.

Vous savez en vous-même que vous êtes appelé à une destinée glorieuse, mais au lieu d'une ascendance progressive vous vivez actuellement une régression profonde. A ce stade, comme Joseph, votre amertume est grande. Sachez-le, le principe de l'élévation de Dieu commence par le contraire. Pour élever plus haut il fait descendre plus bas. La destinée de chacun de nous donne l'allure d'une maison à bâtir. Certains ont pour projet une villa de quatre pièces, pour illustration. On dira que les fondements (la régression ou le temps de souffrance) impliqueront moins d'investissement, peu de temps. Ils réalisent plus tôt les projets majeurs de leur vie, tout va vite, comme sur des roulettes, la vie est moins complexe. Mais d'autres par contre, devront bâtir un immeuble. Ils doivent réaliser souvent en profondeur d'abord, le triple de ce que les autres réalisent : en profondeur et en hauteur. Les fondements leur demandent beaucoup d'investissements et de temps, d'où d'énormes souffrances et l'attente dans le silence. Aller plus haut c'est descendre d'abord plus bas ! Dieu prend donc le temps de les bâtir profondément à l'intérieur d'eux-mêmes, en permettant plusieurs épreuves difficiles. En définitive, un immeuble sans profondeur ne tiendra jamais. Tout grand leader doit avoir une profondeur conséquente. Etes-vous appelé à bâtir en profondeur et en hauteur, ce que les autres bâtissent aisément ; parce que votre destinée à l'allure d'un gratte-ciel? Etes-vous appelé à bâtir de grandes entreprises ? À créer des richesses et des emplois ? À marquer votre génération par des réalisations gigantesques ?A bâtir une très grande église ? À construire un sacerdoce royal? Acceptez le principe des fondements de l'immeuble, d'où l'investissement dans la souffrance.. Acceptez l'adversité et l'opposition, surmonter les incompréhensions et les contractions de votre entourage. Ne cédez pas au découragement et à la lassitude. Acceptez le principe de l'élévation selon Dieu comme Joseph l'a fait au-dedans de lui-même conformément à sa destinée.

Au cœur de la douleur, Joseph accepta d'abandonner la nostalgie de la joie familiale à l'intérieur de lui-même, d'abandonner la nostalgie du confort de Canaan, l'affection paternel, pour faire front à la souffrance dans un pays étranger. Il déploya son talent en interprétation des rêves. Il développa son potentiel en stratégie et conseil en politique de développement. Il n'a pas sombré dans la dépression le désespoir et le fataliste. Il éleva son niveau spirituel et fut le choix de vivre dans la sanctification en fuyant la fornication offerte sur un plateau en or par la femme de Potiphar (son premier Patron). Plusieurs personnes victimes de la séparation familiale, la rupture avec l'affection parentale ont sombré dans la mélancolie et le pessimisme. Ils ont refusé de réussir et d'exceller, ils ont choisi de s'éloigner de leur destinée prospère pour laquelle Dieu a permis la séparation. S'il restait proche de sa chère famille, Joseph ne serait certainement jamais le Gouverneur le plus puissant d'Egypte. Pourtant telle était sa destinée ! Acceptez d'aller de l'avant, abandonnez le passé heureux, que vous retenez en vous ! Acceptez de faire face à votre situation présente car elle est favorable à votre futur glorieux! Le présent difficile que vous rejetez en vous est une transition importante qui vous projettera dans le futur agréable. Ce sont des expériences difficiles qui vous forgeront pour mieux assumer votre futur glorieux. Votre futur glorieux ne viendra jamais si vous n'abandonnez pas le passé que vous retenez en vous, arrêtez de vivre dans les prisons du passé et aspirez au meilleur, car vous avez été créé pour le meilleur, vous êtes naturellement destinés au meilleur. La preuve en est que vous aspirez à une meilleure vie dans un cadre richissime, à un meilleur résultat, à une meilleure appréciation, à un bien être ou une très bonne santé, à une meilleur sécurité, à la paix, à la joie qui sont les sentiments les meilleurs. Votre nature est donc l'excellence ! Après vous avoir créé, Dieu vit que cela était très bon. Il existe en définitive, en vous, la graine de l'excellence, la graine de la bonté excellente, et celle du résultat excellent. En aspirant à l'excellence, vous exprimez la nature de Dieu en vous. Ge 1 :31.

Empruntez donc la voie de la guérison des blessures intérieures liées à l'origine. N'exprimez plus cette blessure intérieure par le complexe d'infériorité, par la honte, la peur, le pessimisme, la tristesse, la frustration, la solitude, la méfiance et la défiance, les préjugées, la rancœur... choisissez d'abandonner cette blessure intérieure, (ce drame silencieux).

Votre taille répond à un but, n'essayez pas de trouver des alternatives, sinon vous passerez à côté du but. N'essayez pas de transformer votre teint ou votre forme, vous êtes parfait pour le but unique de votre création. En entamant le processus de transformation de votre nature physique, vous passez ainsi outre votre destinée et vous érigez une rébellion contre Dieu exprimant ainsi votre désaccord vis-à-vis de la personne particulière qu'il a conçue pour un but. Sachez-le, lui seul détient le secret de votre forme physique et du choix de vos parents, de votre race et vos expériences particulières. Il vous a conçu pour lui et non pour vous-même, vous existez uniquement pour lui. Vous répondez à ce qu'il veut et non à ce que vous voulez ! N'ignorez pas le fait que votre volonté d'appréciez et de choisir a été conçue aussi par lui et pour lui. Vous répondez au seul but de Dieu ; il n'existe pas de but pour vous-même, votre seul but est de répondre au but de Dieu. Votre être entier donne une véritable harmonie vouée à votre mission sur terre, votre destinée. En procédant à des transformations physiques et morphologiques par le biais de procédés moderne, vous créez forcément un disfonctionnement, une anomalie manifeste qui sera susceptible de susciter des entraves à l'accomplissement de votre mission sur terre. Restez ce que vous êtes. Ce sont des atouts majeurs pour vous conférez le succès de votre destinée prophétique.

Votre destinée, votre mission sur terre, pour dire simple est liée à l'immensité du capital potentiel, des talents, stockés dans la banque de votre être intérieur, investis habilement par Dieu afin de réaliser un pan de son projet global pour l'humanité.

ZIG ZIGLAR, dans son célèbre ouvrage 'Rendez-vous au sommet' : affirme :

« Il est pire de ne pas découvrir ses richesses, et c'est une tragédie ! C'est infiniment pire de ne pas découvrir en temps utile des grandes richesses que possède un individu »

Tous ces mots vous transporteront à l'intérieur de vous-même, question de découvrir au moment idoine, toutes les richesses investies en vous pour réaliser une merveilleuse mission divine.

Dans le parcours de votre vie sur terre, Dieu vous donne un « rendez-vous au sommet » et pour votre information, il a déjà investi le capital potentiel en vous pour y arriver. Réussir votre vie sur terre est essentiel, et vous avez besoin d'expérience pour y arriver, acceptez de franchir les étapes de l'école du Seigneur, la plus part du temps nous faisons les hautes études à l'étranger loin des parents, c'était le cas de Joseph, Dieu l'a inscrit à l'école de sa destinée en Egypte pour qu'il y devienne le gouverneur Egyptien le plus puissant de tous les temps. Car aucun autre

Egyptien n'occupera le poste qu'il a occupé dans les conditions extraordinaires qui donnent du crédit à son histoire.

Dans les moments difficiles, les bas niveaux, les challenges, tous les défis de la vie, souvenez-vous que le potentiel qui est en vous est grand et inépuisable, vous l'exploiterez infiniment pour la réussite et le succès. Vous devez réussir et vous allez réussir, rien ne pourra l'empêcher ! Ge1 :27-31

Dieu n'a jamais investi en vous la peur, les soucis, le doute, le manque de confiance en soi, la panique, le découragement, un esprit faible et abattu, le pessimisme, la négativité, la médiocrité, et l'échec.

Dieu a plutôt investi en vous le courage, la foi, la détermination, un esprit supérieur, l'optimisme, la positivité, l'excellence et la réussite pour le succès de votre mission qui passe par tous les défis de votre vie.

Ne renoncez jamais, que rien ne vous intimide, que rien ne vous influence, que rien ne vous domine. Ne vous laissez jamais abattre par les circonstances, car vous avez un « rendez-vous au sommet ». Votre pouvoir est lié à celui de Dieu, vous êtes l'image puissante qui atteint son objectif. Ne vous dites jamais le contraire, tout est en vous véritablement. ! Ge 49 :8-10 / Jos1 :3, 5,8 / Da 6 :3 / Mc16 :17-18/ Ps 82 :6

Choisissez de vivre dans la sanctification, fuyez la fornication comme Joseph car c'est un piège de Satan pour vous éloigner définitivement de votre destinée glorieuse. Le diable tentera de profiter du vide émotionnel créé par la perte d'un être cher, un bien précieux, l'éloignement des parents, le rejet des parents, les marginalisations et les violences pendant à l'enfance, le manque d'affection.

Tous ceux qui n'ont pas été désirés par leurs parents avant ou après leur naissance où n'ont pas été reconnus, tous ceux qui ont reçus l'éducation du sexe opposé, tous ceux qui ont grandi dans la solitude, tous ceux qui ont été longtemps blâmés dans leur enfance, tous ceux à qui on a tout imposé dans l'enfance, tous ceux qui ont manqués de cadre de communication dans l'enfance, tous ceux qui sont nés après un viol, pendant une crise, tous ceux issus de parents blessés intérieurement, tous ceux qui sont nés prématurément, tous ceux qui ont pu grandir au cœur du besoin, privés parfois du minimum, tous ceux qu'on a longtemps frustrés et humiliés au profit des autres, tous ceux qui n'ont pas bénéficiés de cadeaux dans l'enfance, tous ceux qui ont été traumatisés par un évènement dans l'enfance. Le diable vous rapprochera d'une personne aimante qui donnera l'impression de combler ce besoin émotionnel en vous, d'autant plus qu'il la qualifiera lui-même pour vous impressionner, et vous faire basculer astucieusement dans la fornication. Son nom est le séducteur il sait planifier des plans de séduction. Sachez que Dieu à un plan meilleur pour faire de vous une source intarissable d'amour. Ne pensez pas à votre besoin d'amour, mais plutôt à la source d'amour que vous constituez pour les autres. Vous ne manquerez jamais d'amour, car vous êtes liés à Dieu lui-même qui vous approvisionnera de son amour chaque matin. Il investira en vous la plus grande source d'amour pour combler les autres. Il vous bénira donc pour faire de vous une source de bénédiction intarissable pour ceux qui en demandent silencieusement. Joseph pensant avoir perdu l'immense amour familial qui approvisionnait son réservoir émotionnel, s'est rendu compte que Dieu avait investi en lui un grand amour à communiquer à sa famille. Il les a installés en Egypte à l'abri de la famine et tout le peuple égyptien qu'il avait pour mission de mettre à l'abri de la grande famine de tous les temps et propulser vers le développement durable. Commencez à expérimenter cette immense richesse d'amour que Dieu s'attèle à investir en vous par le Saint-Esprit. Tournez vos pensées maintenant sur votre capital amour investi par Dieu en vous ! Empruntez le chemin de votre destinée, abandonnez le passé que vous retenez en vous. Prenez votre envol comme l'aigle au-dessus de toutes les réalités difficiles car votre triomphe est déjà programmé. Votre destinée est en marche !

CHAPITRE II

AVANCER VERS LA GUERISON

Se remettre d'une affliction est un processus, et non un événement spontané. Cela peut changer d'un moment à l'autre pendant la période de souffrance. Au cours du processus de guérison, il arrive fréquemment que vous vous retrouviez au niveau des étapes antérieures. Lorsque cela arrive, l'ennemi peut utiliser cette réalité pour vous envahir de pensées de découragement et de désillusion. Voici quelques attitudes que vous devez adopter.

Prendre conscience que le chagrin se « traite »

Ceux qui se lamentent ou gémissent sans arrêt se rendent souvent la vie impossible. Car cette manière de vivre est une dépense inutile d'énergie. Il faut s'appliquer à trouver la sérénité, il faut ralentir le rythme de vie et passer d'un comportement à un autre. Offrez-vous la guérison Jn 14:17; comportez-vous comme Dieu, face aux événements accablants Dieu reste toujours imperturbable, calme, lent et organisé pour vivre raisonnablement.

Choisir de se réjouir.

La vie est un choix, vous n'êtes pas obligé de subir la vie. Choisissez de vivre et non de subir la vie. La joie et la peine sont incompatibles. Le bonheur et l'affliction sont naturellement opposés, vous avez le choix !

L'Apôtre Paul, déclare qu'il était joyeux alors qu'il devrait être attristé, il vous demande de vous élargir vous aussi et d'être heureux au-dedans de vous quoi qu'il arrive. Dans ce cas, il faut toujours préciser que les pleurs ne sont pas mauvais en soi car ils allègent plutôt la douleur, il faut éviter surtout que cela devienne une habitude ou de s'y laisser-aller.

Après les pleurs, passez au calme et la douceur ; Et détendez-vous au-dedans de vous-même. Faites le vide dans votre cœur et dans votre esprit pour laisser libre cours à votre bonheur. Le sourire est réparateur et vous permettra de vous détendre. C'est la manière de vivre un évènement qui vous rend malheureux, choisissez de vivre vos évènements autrement. Comprenez vos événements différemment, même si l'opinion collective les voit autrement ; pour votre bonheur choisissez de les vivre différemment. Personne ne s'occupera de votre bonheur mieux que vous-même. De ce fait ne choisissez pas d'hypothéquer votre bonheur, choisissez le meilleur pour vous. Que votre bonheur ne dépende pas des événements, mais décidez d'être heureux malgré tout. Votre bonheur ne doit pas dépendre des circonstances de la vie, sinon vous serez longtemps malheureux. Décidez de respirer le bonheur, soyez heureux parce que vous avez décidé de vivre heureux, car décider c'est choisir, choisissez donc d'être heureux et vous serez heureux. Votre joie ne doit pas dépendre des autres, développez plutôt une source intarissable de joie et communiquez-la aux autres. Soyez compréhensible, aimable, flexible et sympathique. Exaltez la vie, vos rêves ne doivent pas dépendre des autres ou des événements mais plutôt de ce qui est imprimé en vous. Cherchez à réaliser ce qui est inscrit à l'intérieur de vous, peu importe les acteurs, même si certains vous quittent ou vous manque, développez un regard positif sur le dénouement de votre vie. Pour réussir votre destinée, aucune personne n'est incontournable, réalisez-vous en comptant d'abord sur Dieu votre compagnon fidèle, ensuite sur vous-même. Dites-vous que vous n'échouerez jamais, vous êtes doté des semences de la réussite même si vous voyez que le contraire, continuez de croire.

L'orientation que prend votre vie dépend de votre mentalité.. Faites une bonne lecture des événements. Savez-vous que votre manière de penser peut vous attirer des ennuis ? Alors pensez bien, évitez d'attirer des malheurs par votre pensée. Toute réalité comporte toujours deux aspects (bien, mal) (+ et -) (1 et 0). Le monde subit une dualité, il y a toujours le bien dans le mal. Tout dispositif générateur d'énergie fonction avec deux bornes (négative, positive) ; le générateur de la vie respecte également ce principe. Votre choix déterminera votre vie à venir. Ce ne sont pas les événements qui choisissent l'aspect de votre vie à venir, mais c'est votre état d'esprit qui détermine votre avenir. Vous conviendrez avec moi que l'important, ce n'est pas ce qui vous arrive, mais votre manière de penser. Choisissez de changer votre désert en source d'eau vive en développant une attitude de foi. Le meilleur est toujours dans le bonheur, choisissez d'être heureux, cela attirera votre plein épanouissement. L'Apôtre Paul a énoncé quatorze fois le fait d'être heureux dans l'épître aux philippiens. David n'a pas donné le choix à son âme, d'espérer qu'en Dieu. Ps 42 :6 ; Ps 43 :5 ;

Développez un nouvel espoir en Dieu !

Il est facile d'oublier l'amour de Dieu et ses merveilleuses qualités au moment de l'affliction. Dans sa révélation messianique Esaïe décrit la mission du Christ : « l'esprit du Seigneur, l'Eternel est sur moi, car l'Eternel m'a oint pour porter de bonnes nouvelles aux malheureux ; Il m'a envoyé pour guérir ceux qui ont le cœur brisé, pour proclamer aux captifs la liberté, Et aux prisonniers la délivrance ; pour publier une année de grâce de l'Eternel, Et un jour de vengeance de notre Dieu ; pour consoler tous les affligés ; pour accorder aux affligés de Sion, pour leur donner un diadème au lieu de la cendre, une huile de joie au lieu du deuil, un vêtement de louange au lieu d'un esprit abattu, afin qu'on les appelle des térébinthes de la justice, une plantation de l'Eternel pour servir de à sa gloire » Es 61 :1-3.

Aussi devons-nous consciemment nous souvenir de son soutien, dans son sermon sur la montagne des béatitudes Jésus-Christ n'a pas manqué de préciser « …heureux les affligés, car ils seront consolés… » Mt 5 :4 ;

Au milieu de sa profonde affliction il s'est souvenu de nos afflictions « méprisé et abandonné des hommes, homme de douleur et habitué à la souffrance, semblable à celui dont on détourne le visage, nous l'avons dédaigné, nous n'avons fait de lui aucun cas. Cependant, ce sont nos souffrances qu'il a portées, c'est de nos douleurs qu'il s'est chargé ; Et nous l'avons considéré comme puni, frappé de Dieu, et humilié. Mais il était blessé pour nos péchés, brisé pour nos iniquités ; le châtiment qui nous donne la paix est tombé sur lui et ses par ses meurtrissures que nous sommes guéris » Es 53 :1-5.

Dieu au travers Jésus a développé une panoplie de solutions pour les cœurs brisés, les orphelins, les veuves, veufs, les affligés…

Il semble toujours que Dieu ne réponde pas instantanément, ou n'apporte pas une guérison complète aussi rapidement que vous le voudriez ! Mais dans sa sagesse, il vous tend la main pour voir ses desseins s'accomplir dans vos moments d'afflictions. C'est une part importante du processus de guérison de l'affliction. C'est de s'attendre à lui, non pas avec impatience, mais en lui faisant confiance. Le psaume 27 :7 nous dit : « Garde le silence devant l'Eternel et espère en lui »

Psaume 27 :14 nous dit : Espère en l'Eternel ! Fortifie-toi et que ton cœur s'affermisse... »

Après la mort de Moïse Dieu s'adressa à Josué : « je serai avec toi comme j'ai été avec Moïse, je ne te délaisserai point, je ne t'abandonnerai point. Fortifie-toi et prends courage, car c'est toi qui mettras en possession du pays que j'ai juré à leur pères de leur donner.

Fortifie-toi seulement et aie bon courage, en agissant fidèlement selon tout ce que Moïse, mon serviteur, t'a prescrit ; ne t'en détourne ni à droite ni à gauche afin de réussir dans tout ce que tu entreprendras.

Ce message venant de Dieu nécessite une analyse profonde :

D'abord il confirme sa présence à Josué ! Dans la douleur de la perte de Moïse, Josué reçut un message de Dieu, cela signifie que dans vos moments d'affliction Dieu n'est pas totalement absent, il est toujours présent.

Ensuite il l'encouragea amplement, ce dont un être humain a besoin dans les moments d'affliction c'est le courage. Le courage est la substance qui combat la peur et la douleur à l'intérieur d'un être ; c'est la capacité à surmonter toute épreuve. C'est également l'énergie suffisante qui permet de relever n'importe quel défi. Il est certain que Dieu l'a déposé à l'intérieur de l'homme depuis sa création. Il ne fait que rappeler à Josué les qualités dont il dispose ! Le terme *'fortifie-toi'* est une confirmation de la force mentale déposée à l'intérieur de l'homme, il lui demande d'extérioriser cette force intérieure pour surmonter sa grande douleur.

De plus, il fut allusion à la parole qu'à prescrite Moïse son serviteur, cela signifie que Dieu a prévu chaque parole pour chaque événements. Il faut tout simplement méditer pour les découvrir. Plus loin il déclara à Josué « que ce livre de la loi ne s'éloigne pas de ta bouche ; médite-le jour et nuit, pour agir fidèlement selon tout ce qui y est écrit ; car c'est alors que tu auras du succès dans tes entreprises, c'est alors que tu réussiras. » Jos 1 :8 ; cette portion de son message est très enrichissante, le terme *'méditer'* signifie prendre connaissance en esprit et en vérité, car ce n'est pas seulement la vérité qui libère mais la connaissance de la vérité. Lorsque vous traversez un événement, posez la question : Quelle partie de la parole de Dieu traite cette situation difficile ? Proclamer ensuite cette vérité, en effet, il a précisé *'que ce livre de la loi ne s'éloigne pas de ta bouche'* cela résulte de la proclamer couramment. En plein milieu de l'affliction proclamez ces promesses. Il faut assumer la douleur et renouveler la confiance et la joie en Dieu Lam3 :32 ; Jé 3 :13 ; Ps 34 :18 ; Ps 119 :50 ; Ps 147 :3 ; 2cor1 :3-4 ;

Enfin, il confirmable succès et la réussite de Josué (s'il respecte ces étapes). Les événements douloureux ne sont pas le signal d'un échec programmé ; c'est votre gestion de la crise qui déterminera votre échec. Le succès est différent de la réussite ; en fait, la réussite est l'addition de nos succès et de nos échecs. L'échec justifie nos événements douloureux. Cela signifie que l'échec fait partie intégrante du parcours d'un être humain. Autrement dit, les échecs sont des expériences douloureuses importantes pour nous amener à mieux méditer la parole de Dieu afin de réussir. Il n'y a jamais de réussite sans douleur, les moments douloureux font partie de la réussite. Le succès c'est le fait d'atteindre des objectifs préalablement assignés. Vous avez besoin de sa confiance pour atteindre vos objectifs!

Jérémie a choisi de se souvenir de l'amour de Dieu, de sa compassion, de sa fidélité et de sa bonté Lam 3 :19-29 ; Dieu a toujours développé l'amour, il est amour, c'est une partie de lui-même. Le mal ne peut vaincre le mal, c'est le bien qui arrive à vaincre mal ; Ainsi, c'est l'amour qui peut vaincre la haine et le mal. La Bible confirme« malheur à la terre et à la mer, car le diable y est descendu avec une très grande colère sachant qu'il a peu de temps »Apo 12 :12 ; Jésus est venu plutôt avec un message d'amour, il ne parlait que d'amour. Cultiver de l'amour pour les autres est un élan de réussite. Apprenez également à vous aimer vous-même, c'est une lueur d'espoir, nul ne permettra son échec s'il s'aime vraiment. Aimez-vous et réussissez. Il y a toujours de l'espoir, vous devez continuer de croire à un avenir meilleur ! Car c'est en espérance que nous sommes sauvés. Or, l'espérance qu'on voit, peut-on l'espérer encore ? Mais si nous espérons ce que nous ne voyons pas, nous l'attendons avec persévérance. De même aussi l'Esprit nous aide dans notre faiblesse, car nous ne savons pas ce qu'il nous convient de demander dans nos prières pendant nos moments d'afflictions. Mais l'esprit lui-même intercède par des soupirs inexprimables, afin de nous sortir de l'affliction.

Enfin, nous savons, du reste que toutes choses concourent au bien de ceux qui aiment Dieu, de ceux qui sont appelés selon son dessein. Rom 8 : 24-25 ; 27 et 28

Les épreuves, l'école de Dieu

Les épreuves sont une phase importante du processus de formation de Dieu. Les moments difficiles sont une formation pour ceux qui observent une alliance avec Dieu. Abraham et Sara sont la preuve tangible de cette vérité. Ils n'avaient rien fait pourtant Dieu les éprouva.

D'abord, Dieu vous éprouve pour connaître la disposition de votre cœur. Votre cœur doit ressembler à celui de Dieu. Il a un cœur doux et compatissant. C'est le cœur d'un père, d'un concepteur ; Un père est celui qui produit la semence. Le cœur de l'homme a été toujours différent de celui de Dieu ; Car l'homme a toujours reçu de Dieu mais n'a jamais conçu véritablement. Le cœur qui conçoit est compréhensif, il s'efforce à entretenir sa semence. Lorsque Dieu demanda à Abraham de reproduire sa semence en effet, il lui annonçait de devenir comme lui, 'un géniteur'. Il devait être le père d'Isaac autant le père de la foi. Il avait beaucoup à apprendre et à léguer ensuite à sa descendance. On ne donne que ce qu'on a ; S'il avait conçu aussitôt Isaac que lui aurait-il appris ? Il devait apprendre les principes de la foi pendant longtemps. La foi grandit dans les épreuves, elle se forge que dans les moments difficiles. Avoir un enfant ne suffit pas vraiment, il faut être un père, Abraham devait apprendre à être un véritable père ; surtout qu'il ne s'agissait pas d'être un simple père, il fallait également être le père de la foi. Beaucoup sont devenus malheureusement des pères sans l'être véritablement. Plusieurs sont mères sans l'être vraiment ! Un père est capable de concevoir mais aussi d'éduquer et de préparer l'avenir de sa progéniture. Une mère donne la vie mais donne également de l'amour, du bonheur et de l'orientation à sa progéniture. C'est pour cette raison plusieurs apprennent longtemps à l'école de leur parents les qualités de père ou de mère avant leur mariage. Dieu aussi forme les hommes sur ses principes. Dieu n'éprouve que ceux qu'il aime, il aimait sûrement Abraham et Sara, il préparait leur avenir, Dieu réfléchit toujours en terme de génération.

Lorsque Dieu dépose une promesse sur la vie d'un être, il s'attend évidemment à le former aux principes de la promesse. Surtout qu'il ne s'agit pas juste d'une promesse, mais d'une semence. Ce que Dieu dépose à l'intérieur d'une personne n'est pas une simple promesse, c'est une semence ; toute semence passe préalablement par la mort avant de se reproduire. C'est dans la mort qu'on retire la vie, Jésus est passé par la mort pour reproduire la vie éternelle. Aucune personne ne peut reproduire la semence de Dieu sans la douleur. Sara devait reproduire la semence de Dieu dans la douleur, chaque caractère de sa souffrance matérialisait chacun des aspects de la descendance Abrahamique. Lorsque Dieu vous éprouve c'est qu'il veut vous orienter dans une grande destinée. Le couple Abrahamique était lié à une très grande destinée.

Ensuite, l'école de Dieu vise à enfanter ce que Dieu a imprimé en vous. L'enfantement a été toujours douloureux, chaque étape de la souffrance vous rapproche de l'enfantement. Tous les événements prénatals visent à préparer les circonstances du post-enfantement. Isaac était programmé dans le sein de Sara pendant sa stérilité, elle ne le voyait pas réellement et donc elle n'y croyait pas ; Cependant, Dieu l'avait prédisposait à s'y attendre et à espérer. Sara était donc invisiblement enceinte ! C'est une mesure de foi qu'elle devait atteindre. Cette allégation justifie bien la naissance d'Isaac après sa double ménopause. La foi devait l'amener à porter l'enfant dans son esprit même si elle ne le constatait pas physiquement. Aussi longtemps Sara ne se voyait pas spirituellement enceinte, elle devait reprendre cette classe de l'école de la foi. Si nous considérons le fait que Sara était enceinte pendant tout ce temps, la foi se résume donc en cette affirmation « la foi est une ferme assurance des choses qu'on espère et la démonstration de celles qu'on ne voit pas » Heb 11 :1 ;

Considérons que Sara était enceinte pendant tout ce temps, les événements à l'intérieur d'une mère enceinte préparent l'environnement futur de l'enfant. C'est à ce niveau que la mère apprend à devenir véritablement une mère. Certes, elle ne voit pas l'enfant mais elle apprend déjà à l'entretenir. C'est une école de mère en devenir ! En fait, tout ce que vous êtes appelé à être vous devez d'abord l'apprendre ; Et tout s'apprend dans la douleur !

Pour être maître d'une discipline bien donnée vous devez avoir la maîtrise du domaine mais vous devez d'abord le prouver par une licence ; la licence vous donne le droit d'opérer dans le domaine après avoir validé les classes préliminaires de connaissances basiques. Et pour que vous soyez attesté, vous devez être longtemps testé par les épreuves. Personne ne réussit par hasard, apprenez dans la douleur à payer le prix de votre élévation. Dieu n'élève personne gracieusement et facilement, apprenez à payer le prix. Tout ce qui s'obtient facilement n'a pas de valeur, Dieu forme et teste avant d'élever, c'est dans les épreuves qu'Abraham fut attesté par Dieu et élevé au grade de chevalier dans l'ordre de la foi supérieure. Vous devez faire vos classes dans la discipline, soyez le meilleur de votre domaine. Après la maîtrise c'est la spécialisation (le doctorat).

En définitive, Dieu avait besoin d'un docteur de la foi, ainsi il forma rigoureusement Abraham au principe de la foi !

Pour être docteur d'un domaine (enseignant, spécialiste, expert), il faut une maîtrise totale du domaine. Isaac est le produit des enseignements d'Abraham, parce qu'Abraham fut enseigné énormément par le Dieu de la foi. Il a maîtrisé les principes du monothéisme et les a enseignés à Isaac ; Pour être un bon enseignant choisissez d'être un très bon élève. Abraham a certainement passé plusieurs années de formation avant d'être attesté docteur de la foi de Dieu.

Le docteur théologien Nicodème le reconnut comme le docteur descendu du ciel Jn 3:2. Pourtant il était plus qu'un docteur, Jésus est Dieu, il l'a confirmé lors de sa prière sacerdotale « maintenant ils ont connu que tout ce que tu m'as donné vient de toi. Car je leur aie donné les paroles que tu m'as données ; et ils les ont reçues, et ils ont vraiment connu que je suis sorti de toi, et ont cru que tu m'as envoyé » Jn 17:7-8. De plus, ce qui fait la différence entre un père et son fils c'est le niveau de connaissance. Vous pouvez servir donc de père pour une personne plus âgée. Lorsque vous enseignez (maître) une personne plus âgée que vous, il devient automatiquement votre disciple « fils ». Le concept de 'père-fils' à ce niveau prend la valeur de la connaissance contrairement à son aspect génétique. Beaucoup de pères biologiques n'ont jamais été de véritables pères car il leur manque la connaissance. Abraham fut un vrai père pour Isaac car il était doué de grandes connaissances acquises après plusieurs épreuves. Jésus a accepté les épreuves, il a été maintes fois testé. Jésus est le dernier Adam, fruit de l'expérience d'échec du premier Adam fauché. Il a été testé et approuvé contrairement au premier Adam, c'est pourquoi son non fut élevé au-dessus de tous les noms. Plus personne ne sera élevé au rang de Dieu comme Jésus.

Cependant, la création attend avec un ardent désir la révélation des fils, car nous avons reçu un esprit d'adoption, par lequel nous crions Abba Père! ; Car ceux qu'il a connus d'avance, ils les a aussi prédestinés à être semblable au Fils, afin que son fils fût le premier-né entre plusieurs fils. Jésus a accepté de descendre dans les régions inferieurs de la terre ; l'Apôtre Paul déclara que celui qui est descendu c'est le même qui est monté au-dessus de toutes choses.

Et il a donné les uns comme apôtres, les autres comme prophète, les autres comme évangélistes, les autres comme pasteurs et docteurs ; Pour le perfectionnement des saints en vue de l'œuvre du ministère et de l'édification du corps de Christ, jusqu'à ce que nous soyons tous parvenus à l'unité de la foi et de la connaissance du fils de Dieu, à l'état d'homme fait, à la mesure de la stature parfaite de Christ. Rom 8 : 17-18 ; 28-29-30

L'éminent docteur et Apôtre Paul estime que si nous sommes fils, nous sommes aussi héritier : héritiers de Dieu, et cohéritiers de Christ, si toutefois nous souffrons avec lui en portant sa croix par divers épreuves, afin d'être glorifié avec lui. Il estime en effet, que les souffrances du temps présent ne sauraient être comparées à la gloire à venir qui sera révélée pour nous. Eph 4 :9-13 ;

Etre Dieu signifie avoir toutes les connaissances, c'est la connaissance qui élève. Jésus est Dieu, le premier-né entre plusieurs fils. Ce que Dieu nous demande c'est d'acquérir de la connaissance afin de ressembler au fils premier-né « mon peuple est détruit, parce qu'il lui manque la connaissance » Os 4 :6 ; acquérir plus de connaissance vous rapprochera de Dieu. Ceux qui pensent acquérir l'élévation par des sacrifices se trompent, Le prophète Osée a exprimé ce vœux de l'Eternel : « Car j'aime la piété plus que le sacrifice et la connaissance de Dieu plus que le sacrifice » Os 6 :6 ;

Soyez donc obéissant dans les épreuves que vous traversées dans tous les cas c'est une traversée, bien qu'elle soit douloureuse vous arriverez à vos fins comme Abraham et Sara. L'école de Dieu est faite pour les justes et non pour les pécheurs, vous serez certainement élevé.

Les épreuves vous rapprochent des connaissances de Dieu. La grandeur de Dieu est de cacher les connaissances, la vôtre est de les découvrir en surmontant les épreuves. Il y a du pouvoir dans votre faiblesse, les épreuves vous rendent faible, c'est dans cette faiblesse que vous devez tirer votre force. C'est dans la faiblesse du premier Adam que Dieu déploya le pouvoir du dernier Adam.

L'Apôtre Paul déclara qu'il est fort quand il est faible, 2 Cor 12 :10 ;cette force lui permit d'écrire à l'église de Corinthe « Béni soit Dieu, le père de notre Seigneur Jésus-Christ, le père des miséricordes et le Dieu de toute consolation, qui nous console dans toutes nos afflictions, afin que, par la consolation nous puissions consoler ceux qui se trouvent dans quelques afflictions ! Car, de même que les souffrances de Christ abondent en nous, de même notre consolation abonde par Christ.

Si nous sommes affligés, c'est pour votre consolation et pour votre salut ; si nous sommes consolés c'est pour votre consolation, qui se réalise par la patience à supporter les mêmes souffrances que nous endurons.

Et notre espérance à votre égard est ferme, parce que nous savons que, si vous avez part aux souffrances, vous avez part aussi à la consolation ». 2 Cor 1 :1-7 ;

Provoquez votre guérison

C'est l'une des phases les plus importantes du processus de guérison. Avoir le courage de vous extérioriser afin de triompher du drame silencieux.

Une femme d'entre les femmes des fils des prophètes cria à Elisée, en disant : « Ton serviteur, mon mari est mort, et tu sais que ton serviteur craignait l'Eternel ; or le créancier est venu pour prendre mes deux enfants et en faire ses esclaves » I Rois 4 :1.

Beaucoup d'hommes et de femmes vivent dans un drame silencieux parce qu'ils refusent de s'extérioriser, cette femme était veuve, c'est tout à fait logique qu'elle souffre de manque de moyens, ses enfants représentaient son seul espoir de survie. Pourtant elle n'avait pas suffisamment des moyens pour régler les dettes de son défunt mari et prendre en charge leurs formations. Elle en souffrait, jusqu'à ce qu'elle décide d'en parler. La personne la plus habilitée fut le prophète Elisée.

Plusieurs sombrent dans des drames silencieux sans recourir aux hommes de Dieu. La femme, d'un ancien d'une église souffrait du comportement de son mari vis-à-vis d'elle et de ses enfants, il était aimable avec frères et sœurs de l'église, et voué aux besoins de l'église au détriment de sa propre famille. Elle en souffrait, nonobstant, elle refusait de recourir au pasteur de l'église. Les premières personnes qui sont à votre disposition pour vous sortir de vos drames sont évidemment les hommes de Dieu. Il suffit de vous extérioriser vous serez délivré comme cette femme d'entre les femmes de prophète. Le prophète Elisée lui dit : que puis-je faire pour toi ? Dis-moi qu'as-tu à la maison ? Elle répondit : ta servante n'a rien du tout à la maison qu'un vase d'huile.

Sachez que vous possédez toujours quelque chose susceptible de vous sortir du drame que vous subissez, il suffit d'en parler à l'homme de Dieu, il saura certainement vous guider par la révélation de Dieu.

Elisée dit à la veuve : Va demander au-dehors des vases chez tous tes voisins, des vases vides, et n'en demande pas un petit nombre.

Quand tu seras rentrée, tu fermeras la porte sur toi et sur tes enfants ; tu verseras dans tous ces vases, et tu mettras de côté ceux qui seront pleins.

Sur ces mots, la veuve quitta Elisée, elle ferma la porte sur elle et sur ses enfants ; ils lui présentaient les vases, et elle versait l'huile. Lorsque les vases furent pleins, elle dit à son fils : présente-moi encore un vase. Mais elle il lui répondit : il n'y a plus de vase. Et l'huile s'arrêta. Elle alla le rapporté à l'homme de Dieu, et il lui dit : Va vendre l'huile, et paie ta dette ; et tu vivras, toi et tes fils, de ce qui restera. 2 Rois 4 :3-7

Ce qui paraît souvent difficile à vos yeux est facile à résoudre pour Dieu, faites confiance à Dieu en vous extériorisant à l'un de ses serviteurs. Votre Dieu est un faiseur de miracle, il a la clé qui décante votre problème.

Si elle restait à se lamenter sur son sort, elle ne serait jamais sauvée de ce drame. Forcez votre guérison, libérez-vous de la solitude et de votre manteau d'affligé.

Ce fut le cas de Bartimée, il jeta son manteau, et se levant d'un bond, vint vers Jésus. Et Jésus prenant la parole, lui dit : que veux-tu que je te fasse ? Il lui répondit Rabbouni, que je recouvre la vue. Jésus lui répondit : Va ta foi t'a sauvé. Aussitôt il recouvra la vue, et suivit Jésus dans le chemin. Marc 11 :46-51

Si vous n'avez personne sur qui compter adressez-vous directement à Dieu au nom de Jésus. Bartimée mendiant aveugle, était assis au bord du chemin pendant longtemps, personne ne pouvait le sauver de ce drame, sûrement il avait tout essayé sans succès. Un jour, il entendit parler de Jésus de Nazareth ; Plusieurs personnes l'empêchaient mais il criait plus fort « Jésus, aie pitié de moi ! » il y a des drames silencieux, dont seul Dieu est capable de vous délivrer. Ce qu'il vous faut c'est une grande volonté. L'état d'aveuglement de Bartimée, était difficile à surmonter, pareillement à tous ceux qui n'ont aucune perspective de leur avenir, ils sont face à plusieurs blocages, leur avenir est sombre et sans issue. Bartimée a opté pour la foi violente, il s'est débattu et s'est libéré de ce drame. C'est cette grande volonté qui provoquera votre guérison. Mc 10 :46-52 ;

Il y avait une femme atteinte d'une perte de sang depuis douze ans. Elle avait beaucoup souffert entre les mains de plusieurs médecins, elle avait dépensé tout ce qu'elle possédait, mais elle n'avait pas reçu de guérison, son était s'était plutôt empiré. Ayant entendu parler de Jésus, elle brave la foule et toucha son vêtement. Car elle se disait si je puis seulement toucher ses vêtements, je serai guérie.

Au même instant la perte de sang s'arrêta, et elle sentit dans son corps qu'elle était guérie de son mal. Jésus connu aussitôt en lui-même qu'une force était sortie de lui ; et, se retournant au milieu de la foule, il dit : qui a touché mes vêtements ? Mc 5 :25-30 ;

Chaque année qui passait définissait le cycle de son affliction. Chaque année lui avait présenté une opportunité, l'année définie un cycle de 12 mois. A chaque fin d'année elle faisait son bilan et réalisait toujours ses douleurs. Chaque année qui passe vous présente d'énormes possibilités.

Chaque fois qu'une année a passé, 12 mois se sont s'écoulés, et avec eux les opportunités de guérison de cette femme mais elle espérait toujours !

Combien d'année attendez-vous votre miracle ? La patience et la persévérance de cette femme l'ont conduite à la porte du cycle de son affliction. La 12eme année s'annonça la bonne. Elle sut qu'elle était face à son opportunité. Elle tenta la possibilité dans l'impossibilité ! La possibilité s'annonce toujours dans l'impossibilité ! Sa guérison dépendait de son choix.

L'Apôtre Paul fut très explicite lorsqu'il évoqua cet aspect mystérieux de la souffrance silencieuse. Il dit : il m'a été mis une écharde dans la chair, un ange de Satan pour me souffleter, m'empêcher de m'enorgueillir. Trois fois j'ai prié le Seigneur de l'éloigner de moi, et il m'a dit : ma grâce te suffit, car ma puissance s'accomplit dans la faiblesse. Il ajoute je me glorifierai donc bien plus volontiers de mes faiblesses, afin que la puissance de Christ repose sur moi. C'est pourquoi je me plais dans les calamités, dans les persécutions, dans les détresses, Pour Christ ; car, quand je suis faible, c'est alors que je suis fort. 2Cor 12 : 1-10 ;

Un jour, Jésus s'est retiré dans le territoire de Tyr et de Sidon. Et voici, une femme cananéenne, qui vivait dans ces contrées, lui cria : Aie pitié de moi, Seigneur, Fils de David ! Ma fille est cruellement tourmentée par le démon. Peut-être qu'elle subissait ce triste sort depuis plusieurs années, elle avait tout essayé sans succès, mais lorsqu'elle s'adressa à Jésus ; Il ne lui répondit pas un mot, et ses disciples s'approchèrent, et lui dirent avec instance : renvoie-la, car elle crie derrière nous. Mt 15 :21- 23 ;

Votre cas vous préoccupe fatalement, mais semble désintéresser vos proches et même des hommes de Dieu. C'est le cas de cette femme, elle souffrait pourtant elle fut face au désintéressement catégorique de Jésus et de ses Disciples.

Elle ne s'est pas avouée vaincue, elle a insisté, Jésus répondit : Je n'ai été envoyé qu'aux brebis perdues de la maison d'Israël.

Face à ce rejet, elle vint se prosterner devant lui, disant : Seigneur, secours-moi ! Mt 15 :25 ;

La première vérité à comprendre est que ce n'est pas votre état de pitié que Dieu recherche. Cette femme l'a supplié une fois « Aie pitié de moi, Seigneur, Fils de David ! »Mais Jésus est resté silencieux,

De plus, Dieu n'a pas besoin des pleurnichards, mais des hommes et des femmes de prière. L'ayant comprise, la femme grecque, syro-phénicienne d'origine, se mit à prier intensément « Seigneur, secours-moi ! ».

Ainsi Jésus énonça le principe : Il n'est pas bien de prendre le pain des enfants et de le jeter aux petits chiens. Mc 7 :27 ;

Le principe stipulait que Jésus devait bénir avant tout les enfants d'Israël. Son heure de bénédiction n'était pas encore arrivée, car elle était d'origine Grecque.

La deuxième vérité est que Dieu répond toujours à ceux qui ont de l'audace. Cette femme passa à l'étape de la négociation. Apprenez à négocier votre libération lorsque vous faites face au principe établi.

Elle répondit : oui Seigneur, mais les petits chiens, sous la table, mangent les miettes des enfants. Mc 7 :28 ;

Votre négociation doit faire preuve d'une grande audace, soyez des êtres audacieux, importunez Dieu dans vos prières, n'abandonnez pas au premier rejet. Faites preuve d'intelligence et de stratégie et mettez fin à votre tragédie.

Vue la grande foi de cette femme et l'agencement de ses formules de prières intelligibles et savamment pensées, Jésus lui accorda la libération de sa fille. Faites souvent attention aux paroles qui font la qualité de vos requêtes devant Dieu. Soyez des artisans de prières stratégiques.

La prière incessante peut également provoquer votre guérison. A cet effet, Jésus adressa une parabole, pour montrer qu'il faut toujours prier, et ne point se relâcher lorsque vous subissez un drame silencieux. Il dit :

Il y avait dans une ville un juge qui ne craignait point Dieu et qui n'avait d'égard pour personne. Il y avait aussi dans cette ville une veuve qui venait lui dire : fais-moi justice de ma partie adverse. Pendant longtemps il refusa. Mais ensuite il dit en lui-même : quoique je ne craigne point Dieu et que je n'aie d'égard pour personne, néanmoins, parce que cette veuve m'importune, je lui ferai justice, afin qu'elle ne vienne pas sans cesse me rompre la tête.

Le Seigneur Jésus ajouta : entendez ce que dit le juge unique. Et Dieu ne fera-t-il pas justice à ses élus, qui crient à lui jour et nuit, et tardera-t-il à leur égard? Luc 18 :1-7 ;

Choisir de nouvelles relations

La vie est une relation de partage et de communion fraternelle. Des chercheurs anthropologues ont prouvé cette expérience : si une personne se détache de la société et s'isole durablement dans une solitude profonde au cœur d'une forêt inhabitée, elle serait complètement aliénée. Malheureusement plusieurs chrétiens ont réussi à bâtir en eux des zones d'isolements et de refuges. Plusieurs cimetières physiques ont été remplacés hélas par des cimetières invisibles fortement bâtis à l'intérieur d'eux ; où ils ont inhumé plusieurs êtres aimés. Refugiés désormais de cette zone de solitude, ils vivent à l'intérieur d'eux une vie d'angoisse, de tristesse et de solitude.

Acceptez de changer votre rythme de vie en épousant ce concept de nouvelle relation, C'est se donner l'occasion de développer une nouvelle vie en laissant les portes d'entrée de votre vie à de nouvelles personnes. C'est enrichir votre éventail de connaissances et de relations. Votre nouvelle vie vous ouvre l'accès à de nouvelles pensées, de nouveaux sujets de partage et d'amitié. Soyez ouvert à des personnes affectives et relationnelles qui se rapprocheront de vous pour vous apporter du réconfort. Développez votre capacité relationnelle car c'est le moment où vous avez plus que jamais besoin de l'affection des autres. Avoir de nouvelles relations facilite votre voyage du passé vers votre futur. Ne vous renfermez pas, c'est le lieu de laisser libre court à votre épanouissement, vous avez besoin inévitablement des autres pour vous réjouir. Une nouvelle relation apportera de la lumière à votre vie assombrie par de tristes événements. Les anciennes compagnies ne font que vous rappelez vos événements douloureux passés, c'est pour cette raison vous devez vous détacher, pour éviter la solitude. Il vous faut de nouvelles relations.

Il y avait un homme riche, appelé Zachée, chef des publicains, il cherchait à voir Jésus. Il avait besoin d'une nouvelle relation qui changerait sa vie, à l'époque un publicain n'avait pas beaucoup d'amis. ils étaient méprisés et abandonnés de tous. Zachée souffrait énormément de cette solitude imposée, il cherchait quelqu'un avec qui échanger des sentiments, des biens, il ne trouva point d'ami à Jéricho. Lorsque Jésus étant entré dans Jéricho, traversait la ville, Zachée le publicain su qu'il pouvait mettre fin à son drame silencieux, il décida volontiers de mettre fin à son rejet et sa solitude ; mais il ne pouvait y parvenir, à cause de la foule. Souvent vous voulez vous faire de nouvelles relations, les hommes qui vous impressionnent et qui pourraient changer le dénouement de votre vie sont très éloignées de vous. Vous n'y parvenez pas, à cause des personnes qui l'entourent, ou encore à cause de votre handicape. Parlez-vous difficilement ? Êtes-vous timide ? Entretenez-vous un déshonneur? Ou encore votre apparence et votre condition sociale vous plongent dans un autre drame ?

Quant à Zachée il avait beaucoup de biens, il était riche, mais il avait peu d'amis, de plus il était petit de taille c'était son plus grand handicap. Il en souffrait, la foule l'empêchait de nouer une nouvelle relation susceptible de changer sa vie. Alors Il courut en avant, et monta sur un sycomore pour essayer de rencontrer Jésus, parce qu'il devait passer par là. Notez bien l'expression :

« *Parce qu'il devait passer par là* » ; c'est la condition primordiale, c'est à vous de faire le premier pas, il y a quelque chose que vous devez entreprendre pour provoquer l'attention de votre cible. « *Parce que vous devez passer par là* » « sortez de votre zone de confort » Zachée a décidé de se rabaisser, s'humilier pour atteindre Jésus.

Lorsque Jésus fut arrivé à son niveau il leva les yeux vers lui et lui dit : hâte toi de descendre ; car il faut que je demeure aujourd'hui dans ta maison. Zachée se hâta de descendre, et le reçut avec joie. Il y a une position de laquelle vous devez descendre pour atteindre votre nouvel ami.

A l'image de Zachée, la plupart des riches et des personnalités de renoms souffrent d'un drame silencieux. Leur position d'autorité les condamne à un silence. Pourtant ils développent d'énormes chagrins, et vivent par moment des soubresauts ; mais ils préfèrent garder le silence au profit de leur dignité.

La position d'autorité est une casquette qui renferme d'étonnants embarras. Il y a d'abord la préservation de la réputation, ensuite, le droit de réserve et de silence dans l'exercice d'une grande fonction. Egalement, l'image endossée à une trop grande responsabilité exercée qui conduit plusieurs leaders et décideurs dans un drame silencieux forcé. Ils ne sont plus ordinaires, ce statut ennuyant les oblige à garder le secret d'un quelconque drame.

Jésus est notre meilleur ami, il dit qu'il n'y pas de plus grand amour que de donner sa vie pour ses amis : « vous êtes mes amis, si vous faites ce que je vous commande. Je ne vous appelle plus serviteur, parce que le serviteur ne sait pas ce que fait son maître ; mais je vous ai appris de mon père. Ce n'est pas vous qui m'avez choisi ; mais moi, je vous ai choisis, et je vous ai établis, afin que vous alliez, et que vous portiez du fruit, et que ce que vous demanderez au père en mon nom, il vous le donne ». Jn 15 :14-17 ;

Jésus est notre meilleur ami, lorsque Jésus visita Zachée, le salut entra dans sa maison, car le fils est venu chercher et sauver ce qui était perdu. Luc 19 : 1-10

A l'époque de Jésus, il y avait également à Naïn une veuve qui vivait avec son fils unique. Ce fils unique mourut, elle était perdue. La mort nous prend souvent ce que nous avons de plus cher. Lorsque Jésus fut près de la porte de la ville on portait le fils de cette veuve en terre. Il y avait des amis, qui essayaient de la consoler en vain, elle ne pouvait pas avoir du réconfort. Aucun ne pouvait lui apporter ce réconfort recherché. Il lui fallait une amitié plus forte, comme celle de Jésus.

Jésus dit : si vous demandez quelque chose en mon nom, je le ferai. Jn 14 :14 ; il déclare : si vous m'aimez, gardez mes commandements. Jn 1' :15 ; il continu dans son propos : Et moi, Je prierai le père, et il vous donnera un autre consolateur qui sera éternellement avec vous, l'Esprit de vérité que le monde ne peut le recevoir, parce qu'il ne le voit point et ne le connaît point ; mais vous, vous le connaissez, car il demeure avec vous, et il sera en vous. Je ne vous laisserai pas orphelins, je viendrai à vous. Jn 14 :15-18 ;

Beaucoup de gens de la ville entretenait de l'amitié avec cette veuve. Il est précisé que beaucoup de gens partageaient sa douleur mais elle demeurait affligée. Il lui fallait une relation plus forte, Jésus l'ayant vue, fut ému de compassion pour elle, et lui dit « Ne pleure pas ! »

Jésus vous apporte le réconfort du père, il vous donne la paix de Dieu. Jérémie déclare : Quand je pense à ma détresse et à ma misère, à l'absinthe et au poison ; Quand mon âme s'en souvient, Elle est abattue au-dedans de moi. Voici ce que je veux repasser en mon cœur, ce qui me donnera de l'espérance. Les bontés de l'Eternel ne sont pas épuisées, ses compassions ne sont pas à leur terme ; Elles se renouvellent chaque matin. Lam 3 :19-23 ;

Jésus apporta le réconfort de l'Eternel à cette veuve. Il s'approcha et toucha le cercueil. Ceux qui le portaient, s'arrêtèrent. Tous ceux que vous avez auprès de vous ne peuvent que vous soutenir, là où leurs efforts s'arrêtent, c'est là que commence celles de Jésus. Il ressuscita son fils unique ; Jésus lui apporta sa consolation, elle fut totalement guérie. Vous pouvez avoir des amis, mais le meilleur des amis pendant vos afflictions c'est Jésus, il est votre dernier recours. Priez le père au nom de Jésus et vous serez guéri de vos afflictions. Luc 7 :11-16

Il y avait à Jérusalem, près de la porte des brebis une piscine qui s'appelle en hébreu Bethesda, elle avait cinq portiques. Sous ces portiques étaient couchés en grand nombre des malades, des aveugles, des boiteux, des paralytiques, qui attendaient le mouvement de l'eau ; car un ange descendait de temps en temps dans la piscine, et agitait l'eau ; et celui qui y descendait le premier après que l'eau avait été agitée était guéri, quelle que fût sa maladie. Là se trouvait un homme malade depuis trente-huit ans. Jn 5 :1-9

Méditons sur son cas : son drame silencieux perdura trente-huit ans, il n'avait personne pour l'aider à descendre dans la piscine quand l'eau était agitée. Car il lui fallait une aide suprême. Il lui fallait quelqu'un qui pourrait le comprendre et l'aider, il chercha pendant Trente-huit ans cette amitié sans le découvrir. C'est à ce moment que Jésus le visita, aussitôt cet homme fut guéri ; il prit son lit et marcha. Jn 5 :1-9 l'amitié de Jésus le combla.

Malheureusement, plusieurs demeurent encore sur leur lit d'affliction. Ce lit paraissait confortable, mais était la demeure de son affliction. D'innombrables chrétiens vivent dans le luxe, pourtant ils dissimulent des drames silencieux. Tant qu'ils ne se dévoilent pas, personne ne les aidera. Hélas, leur position sociale les empêche de se faire aider ; Ainsi ils demeurent indéfiniment dans un confort douloureux en attendant le salut de Dieu. L'histoire de ce paralytique diffère de celle d'un autre qui bénéficia de l'aide de ses amis.

Aidez les autres à guérir

Vous devez aider les personnes affligées, c'est un ordre divin. Il y avait à Capernaüm, un paralytique qui recherchait sa guérison. Jésus était dans une maison et il s'y trouvait une très grande foule au point où l'espace devant la porte ne pouvait plus les contenir.

Quatre hommes vinrent à lui, amenant un paralytique. Comme ils ne pouvaient l'aborder, à cause de la foule, ils découvrir le toit de la maison où il était, et ils descendirent par cette ouverture le lit sur lequel le paralytique était couché.

Ses Quatre amis ont provoqué la guérison de ce paralytique en lui exprimant une grande affection, en l'aidant, en bravant ensemble tous les obstacles. Jésus, voyant leur foi, dit au paralytique : mon enfant, tes péchés te sont pardonnés … autrement dit : Lève-toi, prends ton lit et marche. Mc 2 : 1-9 ;

Chaque personne affligée repose toujours sur un lit, c'est sa zone de souffrance, de solitude, et d'affliction. C'est aussi le lieu où elle ressent les douleurs de son drame, c'est sa vie quotidienne. Une vie de limitation, de frustration, de frasques, une vie faite de routine. Cette personne se sent abandonné et séparé des autres. Pour la guérir il faut l'éloigner de son lit, en la supportant comme l'ont fait ces quatre hommes, ils l'ont conduit à sa guérison. Supportez le lit des affligés, conduisez les au Seigneur Jésus en développant une très grande foi.

L'Apôtre Paul dans son épitre aux Colossiens les invita à se supporter : Ainsi donc, comme les élus de Dieu, saints et bien-aimés, revêtez-vous d'entrailles de miséricorde, de bonté, d'humilité, de douceur, de patience. Supportez-vous les uns les autres, et si l'un à sujet de se plaindre de l'autre, pardonnez-vous réciproquement, de même que Christ, vous a pardonné, pardonnez-vous aussi.

Mais par-dessus toutes ces choses, revêtez-vous de la charité qui est le lien de la perfection… instruisez-vous et exhortez-vous les uns les autres en toute sagesse, par des hymnes, par des psaumes, par des cantiques spirituels, chantant à Dieu dans vos cœur sous l'inspiration de la grâce. Colos 3 :12-16

Prenez en charge les personnes chagrinées, oppressées, blessées et abandonnées de tous. Prenez soin de leurs blessures, soignez leurs douleurs.

Lors d'un séminaire de Jésus, un grand docteur se leva, et dit à Jésus, pour l'éprouver : maître, que dois-je faire pour hériter la vie éternelle ?

Jésus lui dit : Qu'est-il écrit dans la loi ?

Il répondit : Tu aimeras le seigneur, ton Dieu, de tout ton cœur, de toute ton âme, de toute tes pensées ; et ton prochain comme toi-même.

Jésus lui répondit : tu as bien répondu, fais cela, et tu vivras. Mais lui voulant se justifier, dit à Jésus : Et qui est mon prochain ?

La question évidente « qui est mon prochain ? » est essentielle.

Le prochain, c'est d'abord vous-même, car c'est un être semblable ; tout ce qui vous affecte, affectera votre prochain. Extériorisez-vous dans l'image de votre semblable, essayez de revivre ses ressentiments, ses douleurs, ses maux, ses épreuves... vous ressentirez manifestement les mêmes signes. Ainsi, si vous vous aimez, vous arriverez à aimer un être semblable souffrant.

Le prochain c'est aussi l'image de Dieu, si vous prétendez aimer Dieu, il est évident que vous aimez son image. Aussi, avoir de l'amour pour un prochain, c'est développer irrémédiablement de l'amour pour Dieu. Car Dieu se projette toujours par son image. Aider un être semblable à Dieu, c'est aider Dieu. A ce propos, Jésus illustra cette vérité par une histoire :

Un homme descendait de Jérusalem à Jéricho. Il tomba au milieu des brigands, qui le dépouillèrent, le chargèrent des coups, et s'en allèrent, le laissant à demi mort.

Tous ceux qui vivent des calamités sont abandonnés à une demi-mort. Ils vivent une vie ensommeillée et douloureuse. Fauchés et abandonnés ils ont inévitablement besoin d'attention, de soins et d'affection.

Alors Jésus présenta l'image de trois genres d'individus que nous retrouvons dans notre société contemporaine.

Le premier genre se rapproche du sacrificateur, qui par hasard descendait par le même chemin, ayant vu cet homme agonisant de douleur, passa outre.

Le deuxième genre se rapproche du lévite, qui arriva aussi dans ce lieu, observa l'homme, reconnut ses souffrances mais s'en éloigna.

Le troisième genre se rapproche du bienfaiteur, à notre grand étonnement c'est la caricature d'un 'bon samaritain' que Jésus met en évidence.

Il affirma : un samaritain voyageait, étant venu là, fut ému de compassion lorsqu'il le vit. Il s'approcha, et banda ses plaies, en y versant de l'huile et du vin ; puis le mit sur sa propre monture, le conduisit à une hôtellerie, et prit soin de lui. Le lendemain il tira deux deniers, les donna à l'hôte, et dit : aie soin de lui, et ce que tu dépenseras de plus, je te rendrai à mon retour.

A la question de Jésus de savoir de ces trois types d'individus : lequel est un bon prochain pour l'opprimé ?

Le docteur lui affirma avec empressement, que c'est le bon samaritain, en effet il a exercé la miséricorde envers lui. Luc 10 :25-35 ;

L'image du 'bon samaritain projetée par Jésus, dépeint l'abandon des vrais concernés. En fait, qui sont les sacrificateurs ? Il s'agit des dirigeants d'édifices religieux, des leaders d'organisations chrétiennes, des décideurs des églises contemporaines. C'est une interrogation cruciale, plusieurs leaders d'églises négligent de nos jours les œuvres sociales, ils refusent de s'y engager ou les ignorent. Les dirigeants ne prévoient pas dans leurs projets, la prise en charge sociale des personnes abusées, blessées, abandonnées, et rejetées. L'église sera toujours hors de son vrai champ missionnaire si elle n'intègre pas le social dans sa vision missionnaire.

Le deuxième genre projette l'image des chrétiens, car nous avons tous accès au lieu très saint aujourd'hui.

Le lévite de nos jours, c'est l'image du chrétien insensible à la souffrance de son prochain. Si nous sommes sauvés, c'est pour servir les autres ; notre salut dépend de l'amour manifesté aux autres frères et sœurs. Si nous n'arrivons pas à comprendre nos frères et sœurs chrétiens, comment pourrons-nous comprendre le non-chrétien et le conduire à Christ ? L'évangile c'est aussi les œuvres sociales. Entre autres : les centres hospitaliers, les centres d'éducations, les orphelinats, faire des dons aux veuves, démunies, personnes opprimées…

Il est prouvé que la grâce abondera toujours sur ceux qui aident les nécessiteux. Il y avait à Joppé, parmi les disciples, une femme nommée Tabitha, ce qui signifie Dorcas : elle faisait beaucoup de bonnes œuvres et d'aumônes.

Elle tomba malade en ce temps-là et mourut. Après l'avoir lavée, on la déposa dans une chambre haute. Comme Lydde était près de Joppé, les disciples ayant appris que pierre s'y trouvait, envoyèrent deux hommes vers lui, pour le prier de venir chez eux sans tarder. Toutes les femmes veuves, l'entourèrent en pleurant, et lui présentèrent les tuniques et les vêtements que faisait Dorcas pendant qu'elle était avec elle. Pierre invoqua le nom du Seigneur et cette femme ressuscita au grand bonheur de toutes ces veuves. Act9 :36-42 ;

Pierre séjourna quelques temps après ce grand miracle chez un homme pieux, Corneille qui lui également fut preuve de 'bon samaritain'.

En définitive, le 'bon samaritain' c'est celui qui n'est pas habilité à développer une approche intéressée aux œuvres sociales, mais s'y admet intensément au grand étonnement de tous. Ce sont des personnes que nous appelons couramment des païens 'les hommes qui ne connaissent pas Dieu'.

Corneille était considéré comme un païen, cependant, il craignait Dieu, il faisait beaucoup d'aumônes au peuple. Pierre fut interpellé par l'ange de Dieu pour intercéder pour Corneille et toute sa famille. Cet homme fut sauvé et reconnu dans l'histoire de l'église primitive comme un enfant de Dieu ; Il fut le premier païen converti, rempli du Saint Esprit à cause de ses œuvres sociales. Ct 10 :1-34 ; Dieu ne fait acception de personne.

Le sentiment de ce que nous avons perdu peut nous donner une plus grande sensibilité pour répondre aux besoins des autres. Ceci peut nous motiver et nous aider à aller vers les autres 2 cor 1 :3-4 ;

La dernière étape qui s'apparente à la situation de Job, laisse entrevoir que dans le processus de guérison, il est important de prier pour ses amis. Ses amis ne l'ont pas soutenu pour autant, mais par expérience Job pria pour ses amis. N'imitez pas les trois amis de Job qui l'on traité avec dureté pendant son affliction.

Joseph a dû connaître un sentiment de désolation d'avoir été injustement emprisonné, et pourtant il a cherché à aider ses frères et les autres Ge. 40 ; Jésus pendant les pires épreuves a aidé ses disciples à gérer leurs afflictions alors que lui-même vivait dans l'attente de sa plus grande épreuve : la croix. Jn 16 :20-24 ; aidez les autres à porter leur croix et estimez-vous heureux.

CHAPITRE III

QUE DESIREZ-VOUS POUR ESTIMER ETRE HEUREUX?

Estimez-vous heureux

Selon l'Ecclésiaste, ce qui existe a déjà été appelé par son nom ; et l'on sait que celui qui est homme ne peut contester avec un plus fort que lui. S'il y a beaucoup de choses il y a beaucoup de vanités : quel avantage en revient-il à l'homme ? Eccl 6 :2 ;

Voulez-vous vous marier ? Peut-être que vous avez attendu indéfiniment, et vous êtes finalement découragé. Votre tour arrivera ! Cependant, beaucoup se sont déjà mariés, Certains divorcés, d'autres remariés, nombreux en récusent...

Voulez-vous voyager ? Plusieurs hommes et femmes l'ont déjà réalisé ! Ils le font tout le temps au point d'en devenir prisonniers.

Cherchez-vous un véritable travail ? Vous l'aurez certainement ! Mais sachez qu'un grand nombre exercent déjà un travail ! Ils s'y mettent sans repos, endurent les réalités difficiles, et aspirent pour beaucoup d'autres à une retraite anticipée ! De nombreuses personnes travaillent sans passion et sans relâche, évoluant dans un cycle perpétuel de stress et d'anxiété, hélas ils survivent, prisonniers d'un travail pénible !

Rêvez-vous entreprendre des affaires ? Votre vie demeure enchaîner à ce rêve ! Comprenez qu'il existe déjà un nombre incalculable d'hommes et de femmes d'affaires, ils vivent uniquement pour le business, ils produisent de la richesse ! Plus ils évoluent, ils réalisent qu'ils sont toujours limités, ils en cherchent à ne point finir et le cycle de leur vie se limite indéfiniment à ce rythme accéléré de pressions.

Aspirez-vous à la richesse ? L'amour de l'argent et du matériel vous condamne à un drame silencieux de tourmente et de complexe. Décomplexez-vous, plusieurs personnes la possèdent déjà, elles n'en sont pas heureux pour autant ! Elles sont insatisfaites, excessives, baignant dans la crainte d'en perdre un jour. Laissez-vous plutôt poursuivre par l'argent en réalisant de bonnes œuvres, en déployant votre plein potentiel, l'argent vous rattrapera sûrement !

Aspirez-vous au pouvoir, à la gloire et au prestige ? Vous êtes harassé de ne pas en bénéficier. D'innombrables personnalités détiennent de grands pouvoirs, exercent de l'autorité mais demeurent toujours insatisfaites. Elles en cherchent davantage, opprimant leurs semblables. Il y a un tel homme à qui Dieu a donné des richesses, des biens, et de la gloire et qui ne manque dans son âme de rien de ce qu'il désire, mais il n'est pas maître de ses biens, il se sent incessamment dominé et assoiffé davantage, l'Ecclésiaste déclare que c'est aussi là une vanité !Eccl 6 : 2 ;

Voulez-vous un enfant, au point de vous déprimer ? Il y a plusieurs couples qui en possèdent déjà, certains même en refusent. L'enfant n'est pas forcément le bonheur de votre existence, tandis que vous, vous êtes le bonheur de l'humanité, le fait que vous n'ayez pas d'enfant n'est pas une fatalité. Positivez plutôt cette privation et comblez ce vide par votre importance pour les autres, chaque être est forcément père ou mère. Il y a quelque chose que vous détenez qui fait de vous un père, ou une mère aimable. La valeur d'une personne n'est pas d'engendrer forcément un être humain ; C'est plutôt d'accomplir les raisons profondes de son existence. Dieu n'avait qu'un seul fils, mais il décida de l'offrir pour notre grand bonheur ! Abraham a passé toute sa vie a cherché Isaac mais décida un jour de l'offrir à Dieu. Anne a offert à Dieu Samuel alors qu'il fut son préféré et son unique. Ce que vous êtes à plus de valeur que ce que vous ne possédez pas. Dieu vous préfère, tel que vous êtes !

« Arrêtez donc de pleurer ! » l'enfant n'est pas l'ultime raison de votre existence, beaucoup en possèdent, ils ne sont pas heureux ! Chaque être a la possibilité de devenir père ou mère, mais tous ne le sont pas. Etre père ou mère c'est porter une semence de Dieu. Votre semence peut-être beaucoup plus grande qu'une semence humaine ; Chaque être est appelé à découvrir et à accomplir la vision de Dieu habilement plantée en lui.

Rêvez-vous à un très grand ministère ? Votre raisonnement stipule cette volonté effrénée comme le réel but de votre existence. Commencez par corriger la perception de votre mission car votre ministère en dépend. Pour réussir votre ministère, il ne suffit pas de parvenir au sommet, mais d'y demeurer. Avez-vous les ressources nécessaires pour y demeurer ? Estimez le but de votre appel et mesurez votre dimension ministérielle à la vision globale de Dieu. Qu'importe si l'on vous estime peu élevé, qu'importe si certains vous minimisent ; seul celui qui vous a appelé à la capacité de reconnaître la grandeur de votre ministère. Décomplexez-vous et réalisez-vous dans la perspective de Dieu. La gloire rêvée d'un ministère fabulé a conduit la grande soif du plus prestigieux archange à la désobéissance. N'aspirez pas au modèle de ministère que vous voulez, mais choisissez plutôt de dépendre du moule dans lequel Dieu vous a formé, et réjouissez-vous de votre service.

Tout ce qui existe l'a déjà été avant vous ! S'il y a beaucoup de choses, il y a beaucoup de vanités : quel avantage en revient-il à l'homme ? Eccl 6 :11 ;

Mieux vaut du chagrin que le rire ; car avec le visage triste le cœur peut être content. Eccl 7 :3 ;

Le cœur sage est dans la maison du deuil, et le cœur des insensés dans la maison de joie. Eccl 7 : 4 ; L'oppression et la souffrance fortifient le sage, et les douleurs rendent les cœurs droits.

Ne vous privez pas de l'amour de Dieu, pour peu de choses ! Pourquoi détruirez-vous votre bonheur pour des choses éphémères ? Observez les ordres de Dieu, acceptez de vous réjouir et estimez-vous heureux !

Quel avantage revient-il à l'homme de toute la peine qu'il se donne sous le soleil ? Eccl 1 :3

C'est Dieu qu'il vous faut.

Tout ce que vous désirez dans la vie passera obligatoirement ! Cherchez d'abord le royaume des cieux et sa justice et toutes ces choses vous seront données. Il est préférable de vous focaliser sur Dieu, quoi qu'il advienne demeurez attacher à votre Dieu, il ne vous abandonnera jamais. Dieu n'a aucune raison de vous chagriner ou de vous abandonner. Dieu vous veut à lui, il a tout à sa disposition pour vous rendre heureux. Acceptez ses conditions et estimez-vous heureux.

L'apôtre Paul, déclara qu'il a l'assurance que ni la mort ni la vie, ni les anges ni les dominations, ni les choses présentes ni les choses à venir, ni les puissances, ni la hauteur ni la profondeur, ni aucune autre créature ne pourra nous séparer de l'amour de Dieu manifesté en Jésus-Christ notre Seigneur. Rom 8 :38-39 ;

CONCLUSION

Au terme de cet ouvrage profitable, sortez de vos afflictions, apprenez à l'école de vos échecs positifs, aplanissez les chemins de vos grandes pertes et réjouissez-vous des chemins difficiles.

De deux voies, c'est le plus difficile qui est le chemin, admettez-le, efforcez-vous, et allez par là où c'est plus difficile. Luc 13:24 ; Le Christ semble avoir fait sien le mystère de la réussite et de l'élévation en enseignant les principes des chemins difficiles, parsemés de chagrin, de frustration, d'affliction...

Quel que soit votre histoire, choisissez la porte de guérison, vous avez le choix. Vous n'êtes pas obligé de subir la vie, estimez-vous heureux et vous serez épanoui sur les sentiers de l'affliction. L'essentiel, ce n'est pas ce qui vous arrive, mais votre manière de la vivre! Ainsi, mesurez votre immense responsabilité vis-à-vis de Dieu, de vous-même, de votre entourage et de l'humanité tout entière, lorsque vous faites face à un choix suite à un événement douloureux. Votre choix dépendra toujours de la gestion des événements. Choisissez de vivre les richesses de vos expériences en abandonnant ses revers et grandissez de vos douleurs, sortez victorieux de vos épreuves et estimez-vous toujours heureux !

Oui, je veux morebooks!

I want morebooks!

Buy your books fast and straightforward online - at one of the world's fastest growing online book stores! Environmentally sound due to Print-on-Demand technologies.

Buy your books online at
www.get-morebooks.com

Achetez vos livres en ligne, vite et bien, sur l'une des librairies en ligne les plus performantes au monde!
En protégeant nos ressources et notre environnement grâce à l'impression à la demande.

La librairie en ligne pour acheter plus vite
www.morebooks.fr

OmniScriptum Marketing DEU GmbH
Heinrich-Böcking-Str. 6-8
D - 66121 Saarbrücken
Telefax: +49 681 93 81 567-9

info@omniscriptum.com
www.omniscriptum.com

www.ingramcontent.com/pod-product-compliance
Lightning Source LLC
Chambersburg PA
CBHW031644170426
43195CB00035B/575